Grégoire Bonin

I0846378

Devenir un Caméléon

Guide des relations sociales

© Grégoire Bonin, 2024

Nous connaissons tous dans notre entourage un caméléon. C'est une espèce rare, maîtrisant à la perfection les relations humaines.

Songez à votre ami qui sait créer des liens avec toutes les personnes présentes à une soirée, ou à votre collègue de bureau qui entretient une excellente complicité avec toute l'équipe. Tout le monde a en tête un artiste ou un chef d'entreprise charismatique, dont la vie est rythmée par des opportunités dans tous les domaines.

Vous êtes vous déjà demandé comment font ces personnes ? Comment votre voisin arrive-t-il à connaître et à cultiver des liens pérennes avec toute la résidence ? Pourquoi a-t-il obtenu le métier de vos rêves à votre place ?

Ce sont des caméléons.

Comment font-ils pour aborder et créer de la complicité avec des inconnus ? Comment sont-ils devenus des personnages uniques ? Pourquoi et comment sont-ils appréciés du plus grand nombre ?

Ce livre s'adresse à tous ceux qui rêvent de rencontres et d'échanges, à tous ceux qui rêvent d'entreprise et de gloire, à tous ceux qui veulent devenir une personne charismatique, et à tous ceux qui veulent simplement se sentir bien avec les autres.

Rassurez-vous, tout le monde peut se transformer en caméléon.

La rencontre humaine fait battre le cœur de notre existence, elle permet de nous construire. C'est ce que démontrent les travæaux du psychologue soviétique Lev Semionovitch Vygotski. Les enfants façonnent leurs compétences ainsi que leurs savoirs par le mécanisme de l'interaction sociale. Ce processus se poursuit tout au long de notre vie. Coincés entre les confinements et la numérisation de la société, les êtres humains communiquent de plus en plus de manière virtuelle, mais la qualité de leurs relations sociales diminue chaque année. Nos échanges sont abrégés et de plus en plus fuyants. Il est donc primordial de les stimuler.

Avec la méthode du caméléon, créer des liens en société sera pour vous beaucoup plus aisé, d'autant plus que certaines de nos relations sociales nous sont imposées. Songez à votre belle famille ou à vos collègues de travail. Le manque de maîtrise de cette compétence vous entraîne vers une mort sociale certaine. Une étude menée par des chercheurs de l'Université d'Oxford et d'Aalto démontre que le nombre de nos relations diminue à partir de 25 ans. Ce déclin est inévitable si vous ne prenez pas en main votre vie sociale. Il est donc temps de la dynamiser, sous peine de tomber dans un isolement néfaste.

Pour les personnes qui pensent posséder un bon relationnel, le caméléon va vous apprendre à pérenniser vos multiples liaisons en dépensant la moindre énergie. Le développement du personnage qui sommeille en vous est au cœur de son enseignement. Il est un facteur de rencontres et de richesses inépuisables.

Le caméléon est un reptile qui change de couleur en fonction de l'environnement qu'il fréquente. Il utilise le langage des couleurs pour communiquer avec les autres animaux. Le caméléon est aussi un être humain qui s'adapte à n'importe quel milieu. Il peut échanger naturellement avec n'importe qui. Peu importe l'origine sociale, la pensée politique ou la culture de l'interlocuteur, sa méthode permet de créer des liens pérennes avec tout le monde. Pour parvenir au statut de caméléon, il faut intérioriser les sept couleurs qu'il va vous enseigner. Orange, rouge, jaune, indigo, bleu, violet et vert. Ce sont les sept couleurs de l'arc-en-ciel, mais aussi du caméléon. Chaque couleur se présente sous la forme d'une loi. Chacune d'entre elles se compose d'une partie théorique, toujours accompagnée d'exemples concrets tirés de son expérience. Alors, allez-y, mettez en pratique l'arc-en-ciel de la socialisation. Prenez les relations sociales comme un jeu, cela facilitera votre apprentissage.

Ce livre veut être un complément de l'ouvrage "Comment se faire des amis" de Dale Carnegie. Ce monument écrit en 1936 est la référence des manuels de communication. La méthode du caméléon est unique et s'inscrit dans l'ère des nouvelles technologies. Contrairement à celle de Dale Carnegie, elle vous permet d'affirmer votre personnalité ainsi que vos idées. Les principes de cet auteur : "Ne critiquez pas, ne condamnez pas, ne vous plaignez pas" et "Évitez les controverses, seul moyen de s'en sortir vainqueur" ne sont pas pleinement efficaces pour créer des relations sociales pérennes. Ce stratagème fondé sur la retenue n'est plus de mise. Nous ne pouvons plus nous autocensurer pour forger des liens. En appliquant cette technique, nos relations sociales perdent de leur valeur et de leur authenticité. Elles deviennent superficielles. Vous risquez d'être démasqué en cachant trop souvent la vérité. Malgré sa faculté d'adaptation, le caméléon est un personnage sincère dans ses relations. De plus, ses enseignements sont répandus dans le monde entier. Vous avez de fortes chances que votre interlocuteur connaisse la méthode Carnegie. Cela diminue son efficacité.

L'expérience du caméléon dans les relations sociales est marquée par la rencontre de plusieurs milliers de personnes depuis son adolescence. Il a eu la chance de communiquer avec des individus de tous les âges, de tous les milieux et de cultures différentes. La méthode du caméléon a évolué au cours de son expérience de vie. Celle-ci a été affectée par trois grandes blessures.

La première commence en septembre 2006. Il rentre dans un nouveau collège, sans repères ni amis. Il est incapable de créer des liens amicaux. Il s'enferme donc dans les cours et le sport, seules échappatoires aux élèves qui vivent dans la solitude. Des millions d'enfants, puis de parents pendant l'âge adulte subissent cet isolement forcé. Par la suite, il étudie profondément la matière des relations sociales. Il cherche à comprendre le fonctionnement des individus dans leur rapport avec les autres. Il développe petit à petit sa technique de création et de pérennisation des liens. Au lycée, il peut forger des amitiés avec n'importe qui et à n'importe quel moment.

À son entrée dans une grande université parisienne, il fait face à un nouvel obstacle social. Il éprouve des difficul-

tés à s'insérer dans le milieu très fermé de la capitale, puisqu'il ne maîtrise aucun des codes de l'élite parisienne. C'est sa deuxième blessure née des relations sociales. Aujourd'hui, il est capable de s'intégrer à n'importe quel groupe. Le caméléon va vous apprendre à maîtriser la "flexibilité sociale". Il est important de pouvoir créer des liens avec toutes les strates de la société, peu importe qui vous êtes. Sortir de sa zone de confort est une formidable expérience qui vous conduira sur la route du succès. Ne restez pas enfermés dans votre milieu, sous peine de tomber dans la spirale de la monotonie.

Sa troisième blessure sociale est née des relations d'affaires. Il commence à travailler à ses 19 ans dans l'immobilier. Il néglige la puissance du réseau et n'arrive pas à s'affirmer dans ce milieu d'adulte. Aujourd'hui, ses affaires sont prospères en raison du réseau qu'il a créé. Son quotidien se résume à des opportunités entrepreneuriales et professionnelles. Il est régulièrement sollicité pour conclure d'avantageux contrats dans l'immobilier. Vous devez bâtir un réseau solide. La rencontre humaine est un moyen rapide et efficace pour acquérir des connaissances sur n'importe quel sujet. Nul besoin d'aller chercher pendant des heures l'information, car votre réseau peut vous la fournir dans la minute. Ce livre vous donnera des outils pour créer un réseau fidèle et dynamique. Toutes les personnes qui réussissent, notamment les politiques et les entrepreneurs, sont propulsées par leur réseau.

Aujourd'hui, créer des relations sociales est devenu un jeu très facile et amusant pour le caméléon. Il est une référence absolue dans les relations humaines.

Pourquoi devez-vous devenir un caméléon ?

La vie d'un caméléon est rythmée par des expériences et des opportunités sociales, culturelles, financières, intellectuelles et sportives. Elle est remplie de surprises et de moments de joie. La méthode du caméléon facilite la vie en société et permet de gagner en bien-être.

Le caméléon synthétise dans ce livre les récurrences observées durant toutes ces années. Il a découvert que les personnes qui s'intéressent à la matière des relations sociales sont meilleures que la moyenne dans ce domaine. C'est une compétence qui s'apprend, elle n'est pas innée. Intériorisez les mécanismes du caméléon et mettez-les en pratique. Le caméléon est un personnage universel, il n'est pas réservé à une certaine élite. Tout le monde peut revêtir sa peau et donc exceller dans les relations sociales. Accomplissez les choses. Osez ! Concentrez-vous sur vos forces et rebondissez sur vos échecs. En lisant ce livre, vous êtes déjà sur le chemin de la réussite sociale. Croyez-moi, ce Grand jeu vaut le détour.

Le plan du livre est évolutif. La première couleur traite de la rencontre, les cinq suivantes de la pérennisation de la relation. Pour finir, la dernière couleur incarne la finalité du livre : la flexibilité sociale.

Couleur Orange : Le mécanisme de la connivence sociale

Couleur Rouge : Le développement d'un personnage atypique qui marque les esprits

Couleur Jaune : La théâtralité des faits et gestes

Couleur Bleu : Le taux d'engagement

Couleur Indigo : Les réseaux sociaux, une vitrine sociale

Couleur Violette : Avoir un positionnement politique neutre, mais engagé

Couleur Verte : La flexibilité sociale

Couleur orange :
Le mécanisme de la connivence sociale

"Mais au fond, il n'y a pas d'amis, il n'y a que des complices. Et quand la complicité cesse, l'amitié s'évanouit", Pierre Reverdy, poète français.

Atmosphère orange : couleur de l'argile. Elle symbolise la durabilité et l'alchimie des éléments.

Le mécanisme de la connivence sociale est le pilier de la technique de création et de pérennisation des liens. Il permet d'augmenter le "taux de connivence" entre deux personnes, c'est-à-dire leur niveau de ressemblance sociale. Cette méthode est la consécration de l'adage "Qui se ressemble s'assemble".

Pour mettre en œuvre la connivence sociale, cernez la composante sociale "extérieure" de la personne. Elle est constituée des passions, du lieu de résidence, des idées et projets de vie. Elle englobe un ensemble d'éléments perceptibles au premier regard ou facilement détectables lors des premiers instants d'une conversation. L'objectif est de déceler les éléments de cette composante, puis de l'utiliser en votre faveur.

Le taux de connivence est mesurable sur une échelle de 0 à 10. Une note de 10/10 équivaut à une connexion parfaite entre deux individus. Songez à votre meilleur ami. Au contraire, une personne à laquelle vous n'auriez rien à dire décrocherait un 0/10. Ces deux exemples sont des références qui vous permettent de mesurer vous-même ce taux. Plus vous entretenez de similarités extérieures avec votre interlocuteur, plus le "taux de connivence" est élevé. Plus ce taux est important, plus la relation que vous êtes en train de créer sera pérenne et intense.

Cette méthode a pour objectif d'entrer rapidement dans une relation de proximité avec l'individu. Elle cherche à faire émerger une complicité : une entente profonde et spontanée[1] . Les individus aiment rester dans leur confort et retrouver leur personnalité chez les autres. Ce mécanisme peut s'expliquer par la théorie du biais de confirmation de Peter Wason. Ce psychologue a démontré que l'être humain cherche constamment à conforter ses propres opinions. Nous sommes donc en permanence à la recherche de preuves qui soutiennent nos convictions. Tout le monde a déjà trouvé un article de journal corroborant sa thèse, malgré la lecture préalable de dix autres écrits énonçant le contraire. Dans les relations sociales, nous recherchons inconsciemment des personnes qui nous ressemblent. Encore une fois, songez à votre meilleur ami. Vous partagez forcément de nombreuses similitudes avec lui.

Comportez-vous comme le meilleur ami de votre interlocuteur.

Les individus que vous côtoierez ne partageront pas tout à fait les mêmes passions et idées. Vous serez parfois contraint, dans un cadre professionnel ou familial, de vous entendre avec une personne avec laquelle vous n'avez aucune composante extérieure en commun. Songez à votre belle-famille avec qui vous devez sympathiser, sous peine d'un isolement néfaste. Adaptez-vous, soyez un caméléon. Improvisez-vous "meilleur ami" de votre interlocuteur. L'objet de ce chapitre est de vous enseigner une méthode simple et efficace pour créer un lien de connivence avec n'importe qui.

Cette méthode se décompose en deux parties.

I) Comprenez l'individu que vous avez devant vous

Il faut comprendre, dans un bref délai, l'individu qui se trouve devant vous en cernant sa personnalité extérieure. Cette phase d'analyse est très délicate et varie d'une personne à l'autre. Faites preuve d'empathie, mettez-vous à la place de votre interlocuteur. Orientez l'échange en fonction de son regard, et non du vôtre.

Saisir sa personnalité extérieure

Dès les premiers instants de la conversation, cernez la personnalité extérieure de l'individu. Saisissez ce qui l'anime le plus, comprenez ses raisons de vivre. Il faut découvrir ses passe-temps préférés. Discutez avec la personne, vous pourrez déceler sa composante extérieure.

Ce peut être une passion : sport, musique, politique, entrepreneuriat...

Évoquez les projets de vie de votre interlocuteur. Vous pouvez aussi aborder les lieux de résidence, mais cela fait l'objet d'un traitement spécifique plus loin dans cette couleur. Pour orienter vos questions dès le début vers un sujet qui stimule la personne, analysez son aspect physique. Certains indices peuvent vous aider, à l'image du style vestimentaire ou de la boisson qu'elle consomme. Ce ne sont que de simples présomptions qui vous permettent d'ouvrir la conversation. Seule la discussion vous permet de saisir concrètement la composante extérieure de l'individu.

Le caméléon va analyser trois composantes de la personnalité extérieure que sont la classe sociale, l'orientation politique et la religion. Ces trois éléments sont au cœur de la méthode puisqu'ils sont facteurs de connivence. Le caméléon vous donne également des outils pour affiner l'analyse extérieure d'un individu.

La question de la classe sociale :

Les membres d'une même classe sociale possèdent leurs propres coutumes. Ce sont des indices qui permettent d'orienter la conversation. Le caméléon définit la classe sociale comme un ensemble de personnes répondant à des schémas de réponses et de comportements prédéfinis lors d'une conversation.

Selon le sociologue Pierre Bourdieu, la socialisation de classe nous inculque des "habitus". Ils sont partagés par l'ensemble de la classe sociale et permettent de se différencier. Chaque membre possède un comportement propre à sa classe d'appartenance. Ces habitus peuvent être la pratique d'activités ainsi que le partage d'un langage spécifique. Ces normes et valeurs sont intériorisées dès le plus jeune âge, elles occupent donc une place importante dans la vie de l'individu. De même, un processus de catégorisation sociale se met en place. Il permet de former le groupe par le rejet des autres. Ce processus est fondé sur les stéréotypes. Le sociologue Gustave-Nicolas Fischer les définit comme "une attitude de l'individu comportant une dimension évaluative, souvent négative, à l'égard de personnes ou de groupes, en fonction de sa propre appartenance sociale". Par conséquent, les membres d'une même classe sociale partagent un panel de points communs. Saisissez-les et utilisez-les en votre faveur. La connaissance de ces habitus vous permet d'anticiper et d'orienter la discussion et ainsi d'augmenter le taux de connivence. En reprenant les codes de la classe sociale lors de la conversation, votre interlocuteur vous considérera comme l'un des leurs. La création d'un lien fort sera plus aisée.

Incorporez les habitus de la classe sociale de l'individu et vous serez accepté rapidement. Il est important de comprendre le fonctionnement des classes sociales, cela vous permettra de mieux vous introduire dans celles-ci. Des soirées technos aux dîners mondains auxquels il a participé, le caméléon réussit toujours à s'adapter. Intégrez-vous dans tous les environnements que vous fréquentez. La couleur verte portant sur "la flexibilité sociale" vous enseignera une méthode pour incorporer les habitus de classe. Vous pourrez ainsi vous infiltrer naturellement dans toutes les sphères de la société.

La question de l'orientation politique :

L'opinion politique est un sujet délicat à aborder. C'est un facteur qui influence nos relations de manière inconsciente. Généralement, nous partageons de nombreuses idées politiques avec nos amis. Le caméléon parle ici du bord politique au sens large : le positionnement sur l'échelle droite-gauche. Cependant, le modèle droite-gauche n'est pas une grille de lecture absolue. Le psychologue Hans Eysenck refuse ce clivage et distingue deux catégories de "tempérament" politique. Il oppose les penseurs "rigides" aux "flexibles". Les esprits "durs" peuvent être qualifiés de "puristes". Ils maintiennent coûte que coûte la ligne du parti, ils font preuve d'orthodoxie. Au contraire, les esprits "ouverts" innovent. Ils considèrent la ligne du parti comme un socle à partir duquel ils peuvent faire émerger d'autres idées. Ces individus mêlent ainsi des opinions issues de plusieurs bords politiques. Ce schéma se reproduit dans les relations sociales. Généralement, nous sommes attirés par des personnes qui partagent le même bord et "tempérament" politique au sens de Hans Eysenck. La combinaison de ces deux critères permet de mieux comprendre les affinités politiques.

De plus, la politique fait souvent l'objet d'un héritage familial. Les émotions entrent donc en jeu. Lors des dernières élections, le caméléon s'est ouvertement fait insulter sur le groupe Messenger de sa promotion en raison d'une discordance politique. Certains individus sont intolérants avec leurs opposants politiques, ils possèdent fréquemment un "tempérament" politique rigoriste. Quand bien même la personne ne serait pas très politisée, elle a toujours été éduquée dans une certaine idéologie. Elle l'a donc intériorisée et cherchera à rester dans ce schéma de pensée, sous réserve qu'elle s'oppose à celui-ci et change de bord ou de "tempérament" politique. Dès lors, la majorité des individus possède une sensibilité politique qu' elle souhaite retrouver auprès d'autrui.

L'appartenance politique peut rompre toute création d'un lien social. Elle augmente ou diminue le taux de connivence. Cela ne saurait étonner, puisque les gens du même bord politique partagent de manière générale des centres d'intérêts communs. L'opinion politique dans les relations sociales est si importante que le caméléon y consacre une couleur entière. Il vous enseignera dans la couleur violette une méthode pour maximiser vos chances de créer des liens sociaux, peu importe votre bord politique.

La question de la religion :

La religion est un facteur de connivence extrêmement puissant : c'est le partage d'une même morale et d'une structure de vie similaire, tournées vers Dieu. La complicité émerge de manière instantanée du fait des similitudes que partagent ces personnes. A l'instar des classes sociales, ils s'organisent en communauté. Cela renforce le sentiment d'appartenance et donc la forte cohésion au sein du groupe. Selon le sociologue Walter Goddijn, ce phénomène est amplifié lorsque la religion est minoritairement pratiquée dans le pays. Lorsque vous rencontrez un religieux ou un croyant, intéressez-vous à lui par volonté d'apprendre, par goût de la culture et par curiosité intellectuelle. Interrogez-le sur les raisons de ce choix, sur ce que lui apporte la foi. Accompagnez-le dans un moment de vie religieux, il sera ravi de vous faire découvrir cet univers. Quant aux athées et agnostiques, respectez leur point de vue.

Conseil du Caméléon : Utilisez la technique de "l'enquête préalable". Elle consiste à réaliser une enquête sur une personne que vous souhaitez rencontrer. Utilisez-la de manière raisonnée, sous peine de vous faire démasquer. Regardez ses réseaux sociaux ou soutirez des informations de manière subtile auprès de ses amis. Essayez de définir sa personnalité extérieure. Un seul mot d'ordre, restez discret. Lors de l'entrevue, soyez naturel. Si l'individu découvre votre procédé, la création de connivence devient impossible. Ainsi, ne parlez pas trop précisément des éléments que vous avez en votre possession. Amenez-le naturellement sur les sujets qui l'animent. Ce mécanisme a été pour le caméléon un moyen de bâtir des relations très fortes.

II) Passez à l'offensive

Créer une conversation pertinente avec n'importe qui

Après avoir analysé la composante "extérieure" de la personne, vous devez agir. Cette seconde phase permet de créer une conversation intéressante avec l'individu et donc d'augmenter le taux de connivence. Elle commence dès les premières minutes de l'échange. Soyez réactif, sous peine de perdre l'attention de votre interlocuteur. Elle consiste à réagir de manière pertinente à ses propos.

Assurez-vous que deux éléments soient réunis avant de commencer l'offensive :
- Il faut que le sujet anime votre interlocuteur.
- Il faut que vous ayez des éléments de discussion sur ce sujet.

Comment réagir lors de la conversation ?

Lors de votre réaction, mettez en œuvre l'ensemble des règles énoncées plus loin dans la couleur jaune. Celle-ci porte sur la théâtralité des faits et gestes.

Il existe 3 manières de réagir :

Tout d'abord, vous pouvez poser des questions sur l'élément évoqué par votre interlocuteur. Ces questions doivent être pertinentes. Il est vivement conseillé d'avoir quelques connaissances sur le thème discuté. Un savoir superficiel est largement suffisant pour adresser des questions appropriées.

Deuxièmement, vous pouvez aborder une anecdote. Cette réaction est la préférée du caméléon puisqu'elle fait sourire et détend l'atmosphère. L'individu réagira toujours de manière enjouée. N'invoquez pas d'anecdotes qui pourraient contrarier votre interlocuteur. De plus, elle doit obligatoirement être romancée. Vous êtes en train de raconter un moment de vie, mettez-y les formes. La théâtralité de votre anecdote influe sur la réception plus ou moins positive de l'histoire. Si la personne s'exprime d'une manière monotone, vous serez forcément lassé par sa narration.

Troisièmement, vous pouvez tout simplement évoquer des connaissances sur le thème évoqué. Ce type de réaction est identique à la question pertinente, à la seule différence que votre phrase doit être affirmative.

Si vous n'avez rien d'approprié à dire, laissez parler l'individu. Faites de l'écoute active. Elle est le socle de la conversation. N'oubliez pas qu'elle reste indispensable dans une discussion. Dale Carnegie définit cette attitude comme le fait "d'encourager les autres à parler d'eux même" et de leur accorder "une attention exclusive durant la conversation". Cette technique est très performante et sa mise en place est relativement simple. Elle se divise en deux phases. Tout d'abord, vous devez écouter la personne. Puis, reformulez ce qu'elle vient de dire. Cela "permet à celui qui parle d'entendre ce qu'il a dit", d'après le psycho-sociologue Jacques Salomé. Intéressez-vous sincèrement à votre interlocuteur.

Vous connaissez par cœur votre vie, à quoi bon la raconter aux autres. Écoutez vos interlocuteurs, ils ont de nombreuses choses à vous apprendre. Attention, l'écoute active possède certaines limites. Il est inintéressant de dialoguer avec un individu qui ne se contente que de vous écouter. Cela fonctionne seulement avec les égocentriques. Votre passivité dans la discussion ne vous permet pas d'augmenter le taux de connivence. Vous pouvez même passer pour un inculte ou quelqu'un qui n'a aucun vécu. Utilisez méthodiquement l'écoute active. Il ne faut pas laisser faire un monologue à l'individu. Dès que vous pouvez intervenir de manière pertinente avec une question ou anecdote, allez-y. Puis, reprenez l'écoute active qui reste le socle de la conversation.

Si vous ne faites que de l'écoute active, vous ne créerez pas de lien fort. N'oubliez pas que les questions pertinentes et les anecdotes correspondent à des phases plus avancées de l'échange. Elles sont plus efficaces pour initier de robustes liens de connivence. D'autre part, il est fondamental de maîtriser le "small talk". Ce sont des conversations qui portent sur des sujets anodins tels que la pluie et le beau temps. Elles occupent une majeure partie des discussions quotidiennes. Investissez-vous dans ce type d'échange. Vous parlerez plus tard d'économie et de politique.

Élargissez votre champ de connaissances et d'expériences sur une infinité de notions

Le caméléon a la capacité d'évoquer des anecdotes ou de poser des questions appropriées sur n'importe quel thème : automobile, art, histoire, cinéma, chasse… rave-party, bûcheronnage. Vous devez être capable d'entretenir une conversation sur une infinité de sujets. Votre savoir sur cet ensemble de matières peut être très limité. Vous pouvez maintenir une discussion pertinente et profonde avec seulement une anecdote et quelques connaissances superficielles.

Comment le caméléon développe-t-il ses connaissances et anecdotes sur cet ensemble de sujets ?

Il échange simplement avec de nombreuses personnes sur des thèmes qui les passionnent. Les individus parlent très bien de leurs passions, ils donnent des informations réutilisables lors d'autres conversations. Discutez autant que possible, ne soyez pas craintif. Regardez des vidéos, des documentaires, lisez des articles de journaux. L'acquisition de ce savoir lui permet d'entretenir une conversation intéressante avec une infinité d'interlocuteurs. Soyez curieux !

L'accès à l'information ou l'anecdote peut être compléxifiée en raison du coût important de certaines activités. Songez à une nuit dans un Palace. Pourtant, si vous faites preuve de culot, rien ne vous empêche d'aller y prendre un chocolat chaud. Le prix varie entre 10 et 15 euros, mais l'expérience est là. Vous pourrez parler tout au long de votre de vie de ce Palace en tant qu'anecdote. Et n'oubliez pas de noter certains détails pour romancer l'histoire lors d'une discussion.

Exemple, le Ritz en tant qu'expérience intemporelle avec une forte connotation sociale :

Le caméléon a déjà franchi les portes d'un Palace parisien, le Ritz. Entre les œuvres d'art qui ornent les couloirs et salles de réception, les personnalités publiques que vous pouvez apercevoir et le service admirable que cet hôtel offre, le Ritz est une source d'anecdotes inépuisables. Tout ce que vous ferez dans cet endroit vous servira dans vos conversations. Osez y entrer et faites-y un tour, vous ne serez pas déçu.

Il existe une multitude d'éléments qui peuvent être évoqués pendant une conversation. Amusez-vous à engranger un maximum de connaissances et d'anecdotes sur des sujets variés. Cela facilitera votre réussite sociale, d'autant plus que les connaissances et anecdotes sont faciles à acquérir. Le caméléon crée souvent un lien entre ces deux éléments. Il passe naturellement d'une connaissance à une anecdote (ou l'inverse). Ce mouvement stylistique est très apprécié socialement. En effet, vous serez considéré comme une personne cultivée qui possède un certain vécu. Ecoutez énergiquement votre interlocuteur lorsqu'il rebondit sur les connaissances et anecdotes que vous évoquez. Intéressez-vous sincèrement à lui et à ce qu'il dit.

La dynamique d'une conversation :

La conversation est un chemin évolutif. Vous devez constamment analyser la composante "extérieure" de votre interlocuteur pour mener celle-ci. Dès lors, vous pourrez orienter le type de sujet. Plus la discussion paraît naturelle, plus le taux de connivence est important. Si vous conversez de manière détendue, comme avec un bon ami, vous êtes sur la bonne voie.

Un échange dynamique est très intense. Vous abordez de nombreux sujets, les interlocuteurs sourient et un lien de proximité se crée. Songez toujours à une discussion avec un bon ami que vous n'avez pas vu depuis longtemps, c'est une référence pour savoir si la conversation est dynamique. La première minute de la rencontre est déterminante. De nombreuses personnes ne savent pas quoi dire lors des premiers instants. Essayez de personnaliser votre approche par le biais de l'analyse extérieure. Trouvez un élément qui caractérise la personne et parlez-en. Ne prenez pas peur et lancez-vous. Avec de l'habitude, vous n'aurez plus ce blocage. Si vous n'avez pas d'accroche personnalisée, interrogez les projets de vie de la personne ou ses passions, ces sujets sont toujours sources de connivence. Questionnez la personne et vous trouverez forcément un sujet en commun.

Par ailleurs, ne réalisez pas un "interrogatoire" de la personne. Cela est oppressant. Laissez l'individu discuter naturellement : n'entrez pas trop rapidement dans l'intimité de votre interlocuteur. Utilisez la technique de l'entonnoir, allez du plus impersonnel au plus intime. Posez des questions ouvertes au début. Celles-ci obligent votre interlocuteur à développer sa réponse et donc à parler de lui. Adaptez le type de question en fonction de la réaction de l'individu. Lors d'une conversation, la personne renvoie des "signaux de sociabilité", positifs ou négatifs. Ce concept a été traité par l'écrivain Sylvain Zelliot. Ils traduisent la volonté de la personne de poursuivre ou non l'échange. Par exemple, un sourire, une voix entraînante et enjouée, une position de corps ouverte sont des indices qui montrent que la personne est satisfaite de votre compagnie et souhaite poursuivre la discussion. Au contraire, une voix faible, un regard retenu ou une position de corps fermée doivent vous interpeller.

Plus l'échange paraît naturel, plus vous avez de chance que votre interlocuteur désire poursuivre la conversation. Restez concentré tout au long de celle-ci, ce n'est pas un exercice aisé. Discutez, amusez-vous et cultivez-vous. Relancez la conversation tant que la personne en face est réceptive. En revanche, sa poursuite à outrance peut instaurer une gêne. Lorsque votre interlocuteur ne souhaite plus échanger, mettez fin à la discussion. Les signaux négatifs étudiés ci-dessus doivent vous permettre d'arrêter au bon moment l'échange. Soyez attentif.

Conseil du Caméléon : Lorsque vous souhaitez rencontrer de nouvelles personnes, vous devez renvoyer une image chaleureuse et accueillante. Mettez en œuvre des "signaux de sociabilité" positifs : un sourire, une position de corps ouverte...

Comment dire au revoir ?

N'oubliez jamais de dire au revoir ! Quand bien même cela peut paraître gênant, faites l'effort. Quant à la manière de dire au revoir, gardez en tête que l'individu doit se souvenir de vous. Le caméléon utilise souvent la technique de la "projection". Elle consiste tout simplement à proposer une prochaine rencontre dans un endroit en lien avec la composante extérieure de l'individu. Autre astuce, rappelez à votre interlocuteur un moment important qu'il va bientôt vivre, un mariage par exemple. Ces conseils vous permettent de clôturer la conversation sur une note positive.

La gestuelle est tout aussi importante. Trouvez la vôtre et mettez-la en œuvre. Il peut s'agir d'un sourire, d'un clin d'œil.

Exemple d'une "offensive" : rencontre imprévisible à la salle de sport — Exemple d'une amorce personnalisée

Le caméléon et cette jeune femme sont tous les deux en train de faire de l'ergomètre (machine d'entraînement pour l'aviron). Il remarque qu'elle porte un t-shirt d'une course à pied réputée "l'UTMB*" (indice extérieur qui lui permet de démarrer une discussion).

_ "Salut, tu vas souvent à Chamonix ?" (même si le caméléon n'a visité qu'une seule fois cette ville, il connaît beaucoup d'éléments dessus).

_ "Oui, j'y vais chaque année"

_ "Très sympa, en plus le cadre est magnifique, au pied du Mont Blanc..."

_ "Oui exactement, tu connais ? "(cette question lui permet de prendre la main sur la discussion, il peut évoquer n'importe quel sujet tant qu'il se rapporte, de près ou de loin, au cœur de celui-ci : "Chamonix".)

_ "Oui, j'aime faire de la randonnée dans le coin. L'aiguille du Midi et le train de Montenvers sont vraiment des merveilles".

_ "Sympa, je fais beaucoup de trail dans cette vallée".

Et ainsi commence une discussion sur la montagne et le sport. Il est devenu très ami avec cette personne. La méthode de la connivence sociale est un moyen d'amorcer de somptueuses amitiés. Humainement, c'est une merveilleuse occasion de rencontrer et de tisser de nouveaux liens.

Le premier des liens de connivence, le lieu de résidence :

Le lieu de résidence, qu'il soit habituel ou estival, est le sujet de conversation préféré du caméléon pour créer des liens. Il est une composante essentielle de la vie de chaque personne et nous renseigne sur son appartenance sociale . Le fait de partager un même lieu de vacances crée immédiatement de la connivence. De plus, ce lieu possède une connotation affective importante. À son évocation, la personne est immédiatement bercée par de beaux souvenirs. Elle est alors plus apte à s'ouvrir.

Comment le caméléon crée t-il de la complicité avec les lieux de résidence ?

Il convient tout d'abord de connaître la géographie de la France. Vous devez savoir placer un maximum de villes sur la carte. Les personnes apprécient beaucoup ce savoir, cela fait de vous quelqu'un de cultivé et vous rapproche immédiatement de l'interlocuteur. D'autre part, un seul passage dans une ville vous permet d'avoir assez de connaissances pour entretenir une conversation pertinente. C'est le mécanisme de "l'effleurement". Baladez-vous et retenez des éléments propres à la ville : un café, un restaurant atypique, un monument historique, une rue ou un quartier agréable. La personne en face de vous sera ravie d'en discuter. Le taux de connivence augmentera fortement.

Exemple : balade à Annecy

Annecy est une très jolie ville de Savoie. Le caméléon y est passé deux fois, pourtant il peut tenir une conversation sans difficulté sur ce lieu. Comment ? Reprenez la méthode de l'effleurement. Repérez certaines caractéristiques propres de la ville et apprenez-les. Il convient d'avoir quelques connaissances et anecdotes sur celle-ci.

Le caméléon s'est baladé dans la Venise des Alpes. La vieille ville est traversée par de petits canaux, ce qui en fait un endroit très charmant. Il y a aussi le " Palais de l'Isle". La photo de ce bâtiment historique circule beaucoup sur Instagram et fait la renommée de la ville. Perdez-vous dans les rues et prenez des notes (sur votre smartphone ou mentalement). Quant à l'anecdote, il a fait un très bon restaurant (retenez l'adresse). Comme tout bon visiteur, il a également fait un tour de pédalo sur le lac.

Pour finir, il a grimpé le "Mont Veyrier" qui offre un sublime panorama sur le lac d'Annecy. Il existe une infinité d'anecdotes et d'informations, à vous d'être créatif et de bien les employer en fonction de votre interlocuteur.

N'oubliez pas de mener l'échange en fonction du regard de l'autre. Par exemple, un sportif sera grandement inté-ressé par la randonnée du "Mont Veyrier".

Conseil du caméléon : Réalisez des trajets en covoiturage. C'est un excellent exercice pour mettre en œuvre la mé-thode de la connivence sociale. Vous rencontrerez des inconnus, venant de tous les milieux. Amusez-vous à faire grimper le taux de connivence à son plus haut niveau !

Couleur Rouge :
Le développement d'un personnage atypique qui marque les esprits

"Mélanger un peu de mystère avec tout, car le mystère suscite la vénération", Baltasar Gracián , écrivain espagnol du 17ème siècle.

Atmosphère rouge : couleur de la démesure et de l'excès. Le rouge évoque aussi la vitalité et la passion.

Le développement d'un personnage atypique est un moyen d'accroître ses relations sociales. Cette couleur vous permet de multiplier, mais surtout de pérenniser les liens que vous créez. En effet, les personnages charismatiques attirent le regard et possèdent un fort pouvoir d'attraction. Tout le monde souhaite les rencontrer et converser avec eux. Leur côté mystérieux éveille la curiosité des individus. Une personnalité atypique représente donc une opportunité en ce qui concerne la création de liens sociaux. De plus, tout le monde se souvient des personnages puisqu'ils nous marquent grandement. Leur capacité à réaliser des choses uniques est l'un des facteurs de leur réussite. Songez au Général de Gaulle ou à Elon Musk. Le personnage peut aussi orienter le comportement des autres. Il attire les regards et de nombreuses personnes souhaitent lui ressembler. Il devient donc un moyen de persuasion efficace et permanent.

Tout d'abord, pour révéler efficacement son personnage, pensez-y régulièrement. On ne "crée" pas un personnage, car nous en sommes tous un par nature. Le caméléon parlera dans cette couleur d'amplification, de révélation ou de développement du personnage. L'objet de ce chapitre est de vous donner les outils pour que vous puissiez développer votre personnage pour ensuite l'amplifier efficacement.

Trouvez son moi

Le caméléon définit le "moi" comme étant le caractère propre d'un individu, son exceptionnalité. Ce sont des éléments qui permettent de distinguer une personne d'une autre. Chaque individu est unique et possède ses propres caractéristiques. Au-delà du physique, songez à ce qui fait de vous une personne différente des autres. Cela peut être une particularité comportementale, une passion, " une bizarrerie" comme diraient certains. Demandez de l'aide à vos proches en leur posant la question : "Qu'est-ce qui fait de moi un personnage unique ?". N'importe quel élément peut être pris en compte pour développer son personnage. Le plus important est qu'il vous représente et qu'il ne soit pas artificiel. Vous ne devez pas prendre le personnage d'un autre. Vous pouvez vous en inspirer, mais restez vous-même. À quoi bon aller chercher ailleurs alors que vous êtes, par nature, un personnage unique.

De même, vous ne devez pas jouer un personnage que vous n'aimez pas. La vie de caméléon doit rester un jeu amusant. Ce "moi" peut évoluer au cours d'une vie, mais l'épicentre du personnage traverse les décennies sans trop varier.

Exemple : le "moi" du caméléon

Ses cheveux longs et son style vestimentaire sont rocambolesques. (caractéristiques extérieures).

Ses passions pour les sports d'endurance tels que l'aviron ou le marathon sont au cœur de son personnage. De même, son personnage "bon vivant" fait beaucoup parler. En effet, il est passionné de vin ainsi que de cigare (caractéristiques "passionnelles")

Sur le plan comportemental, il aime être dans l'excès et les extrêmes. Il est aussi "tête en l'air". Il oublie régulièrement des choses et il aime organiser des événements tels que des soirées ou sorties au dernier moment (caractéristique "comportementale").

De nombreuses personnes affirment que seuls les individus extravertis comme le caméléon peuvent être charismatiques. Cette affirmation est fausse, l'exemple étudié ci-dessous le prouve.

Exemple, le personnage du rappeur Orelsan

Orelsan est l'un des rappeurs français les plus en vogue en ce moment. Son dernier album "Civilisation" a décroché le disque de diamant (500.000 ventes) en seulement 5 mois et 10 jours. Cela fait de lui le rappeur français ayant obtenu cette certification le plus rapidement. Orelsan est un personnage introverti par nature. Certains le qualifient de négligé, de désinvolte, ou encore je-m'en-foutiste. Pourtant, il arrive à tourner en sa faveur ces aspects de sa personnalité. Même si ces caractéristiques sont peu valorisées d'un point de vue social, il reste fidèle à lui-même et crée une très forte dynamique autour de son personnage. Peu importe qui vous êtes et d'où vous venez, développez celui qui sommeille en vous. Orelsan évoque dans ses disques sa nature introvertie et timide. Il fait ressortir cette personnalité dans ses interviews et reportages. Il est très peu énergique. Il s'exprime doucement et de façon linéaire. Certaines de ses phrases sont cultes.

Par exemple, lors d'une interview sur une grande chaîne de télévision, la journaliste affirme que sa voix ressemble à celle de Philippe Peythieux, l'interprète français de Homer Simpson. Orelsan répond avec son intonation monotone "Ha c'est marrant". Cette intonation est propre à Orelsan et reflète parfaitement son personnage introverti. Après avoir laissé un blanc, il enchaîne avec une voix un peu plus dynamique "Non, on ne me l'avait jamais dit". Ce passage est resté mythique.

Il est aussi un être contrasté. Dans son rap "La mort du disque" avec le groupe Casseur Flowters, il casse des disques de manière brutale et prend une voix sèche et perçante. Nous sommes loin de son intonation monotone. Il joue avec les contradictions et amplifie son côté mystérieux. Orelsan montre que peu importe qui l'on est, nous avons tous un personnage unique qui sommeille en nous. De plus, il maîtrise parfaitement les jeux d'into-nation, il a compris l'importance des faits et gestes.

Pour conclure, dès que vous aurez trouvé votre "moi", amplifiez-le. Montrez les éléments qui font de vous un être unique aux autres. Pensez-y constamment au début. Exagérez votre "moi" en public, sans tomber dans l'excès. Avec de la pratique, cette amplification sera naturelle, car vous l'aurez intériorisée.

Exemple, le cigare

Le caméléon commence à fumer le cigare au lycée. Cette distraction, empreinte de connotation sociale, crée un contraste avec ce garçon imberbe et petite de taille. Tel est son but en réalité : se démarquer des autres par l'adoption de codes sociaux qui pourtant ne sont pas les siens. Cette image perdure chez les gens qu'il rencontre. La dernière fois, il croise une vieille connaissance du lycée. Elle l'assimile tout de suite au cigare. Aujourd'hui, le cigare fait partie de son personnage. Les symboles visuels marquent les esprits dans la durée. Les gens évoquent régulièrement ce sujet. Un engouement se développe donc autour de son personnage grâce au cigare.

Conseil du Caméléon : La distinction entre les connaissances et les amis est importante, elle nous servira tout au long du livre. Les amis appartiennent à un cercle plus restreint, vous les voyez plus régulièrement et vous entretenez avec eux une relation plus fusionnelle. Portez une grande attention à vos amis proches, ils sont le socle de votre vie sociale. Toutes les personnes qui ne répondent pas à ces critères font partie du groupe des connaissances. La notion de réseau englobe les amis et les connaissances. Le caméléon passe 85% de son temps libre avec seulement 15% de ses relations. Personne ne possède le don d'ubiquité*, il est donc impossible de voir régulièrement l'ensemble de son réseau. Cultivez votre personnage et vous maintiendrez de solides relations avec celui-ci.

*Être présent à plusieurs endroits au même moment.

Exemple, un ami d'une créativité extraordinaire

Lorsque le caméléon l'a rencontré au collège, il possédait un style vestimentaire unique. Il aimait s'habiller avec des vêtements de couleurs et de formes atypiques. Il était passionné de dessin et par les cultures mystiques. Son prénom était lui aussi spécial, "Balthus". Il a réussi à faire de ce côté mystérieux une force. Tout au long du lycée, il a amplifié ce côté énigmatique. Il est resté une personne hors de son temps qui refusait la culture "mainstream" du 21ème siècle.

Devenez insaisissable et mystérieux

L'insaisissabilité est un moyen d'amplifier votre personnage. Cette règle est universelle. Les individus aiment cerner les autres, c'est-à-dire les "comprendre" pour anticiper leurs faits et gestes. Cette recherche révèle le côté possessif de l'être humain qui essaye de s'approprier ses proches en les "comprenant". Cette volonté de puissance sur les autres ressort des travaux du philosophe Nietzsche. Les êtres humains sont dans une quête permanente de la compréhension d'autrui. Soyez imprédictible et vous attirerez forcément le regard des gens. Ils essayeront constamment de vous cerner, mais ils n'y arriveront pas. Il est impossible de saisir entièrement quelqu'un. Lorsque le caméléon pose la question à ses proches : "Qu'est-ce qui fait de moi un personnage unique ?". Son côté mystérieux et insaisissable est la réponse qui ressort le plus souvent. Les individus n'aiment pas la monotonie. S'ils peuvent prévoir la réaction d'une personne, ils s'ennuient. Au contraire, ils seront surpris des faits et gestes imprévisibles du personnage. Les personnages énigmatiques arrivent à créer une dynamique sociale importante. Ils ont la possibilité de rencontrer de nombreuses personnes. Tout le monde veut percer le mystère qui entoure cet individu, mais cette quête est infinie. Le personnage a donc accès à une multitude d'interactions sociales, tant que perdure son mystère. N'oubliez pas qu'il marque également les esprits, à l'image du cigare. Les individus se souviendront donc de vous. Vous forgerez des liens durables avec peu d'efforts. Vous n'aurez plus besoin de voir vos amis et connaissances toutes les semaines pour maintenir des liaisons pérennes. Le développement d'un personnage doit être au centre de vos préoccupations.

Comment devenir un personnage mystérieux ?

Surprenez constamment les autres. Chaque moment de vie, chaque action doit être une découverte ou une surprise pour vos interlocuteurs. Ils ne doivent pas pouvoir anticiper vos faits et gestes. Étonnez-les.

Sortez des sentiers battus ! Vous pouvez même frôler l'irrationalité : réalisez des choses extraordinaires. Le meilleur moyen d'accomplir cela est d'être contradictoire, mais de manière raisonnée. Cette contradiction ne doit pas être trop négative, elle doit vous servir socialement. Tout le monde parlera de vous lorsque vous réaliserez ces actions, car vous serez insaisissable. Vos agissements sont si mystérieux, si imprédictibles, qu'ils font de vous un être unique. Les gens essayeront de déchiffrer cet être unique en vous rencontrant.

Ne tombez pas dans l'excès, réalisez avec parcimonie des actions atypiques ou irrationnelles. Les gens vous prendront pour un éberlué ou quelqu'un d'instable, sauf si cela correspond au personnage qui sommeille en vous.

Conseil du caméléon : Redoublez d'efforts lorsque vous arrivez dans de nouveaux espaces sociaux. Par exemple, lorsque vous changez de travail, d'école ou de ville. Imposez dès le début votre personnage, ce sont des occasions à privilégier pour le développer.

Exemple : le skate et le cigare

Une photo du caméléon sur un skate en descente, avec un cigare à la bouche et un soda à la main le suit depuis le lycée. Cette photo résume toute la contradiction qui règne dans son personnage. Le skate et les cigares sont deux éléments socialement opposés. Qui a déjà vu un skateur fumer des cigares ?

Le fait qu'il réalise des prouesses sportives telles que courir un marathon, malgré son train de vie rythmé par le cigare et le vin, accentue encore plus son personnage. Les gens ne le comprennent pas ! Vous devez être atypique, trop d'individus se ressemblent. Tout le monde fait les mêmes activités, s'habille de la même façon, sort dans les mêmes restaurants. Vous êtes unique, exprimez cette singularité en public. Le caméléon se distingue des autres avec la mise en valeur de son personnage. Pour autant, il arrive à se fondre dans toutes les sphères de la société, puisqu'il maîtrise la règle de la connivence sociale (couleur orange) ainsi que la flexibilité sociale (couleur verte).

Exemple, le style vestimentaire du caméléon

Toujours dans cette optique de contradiction, son style vestimentaire est "atypique".

Il peut radicalement changer du jour au lendemain. Le caméléon peut s'habiller en dandy, avec de belles chaussures en cuir et un costume trois-pièces bien taillé. Il complète sa tenue avec des accessoires qui font ressortir son personnage. Tout d'abord, il porte un chapeau beige. Cet accessoire le différencie aisément des autres. Deuxièmement, il met un mouchoir de poche d'une couleur très vive qui dénote du reste de son accoutrement. Pensez à la contradiction. Créez une dynamique autour de votre style vestimentaire.

Le lendemain, il porte de vieilles baskets et un t-shirt blanc. Les gens ne le comprennent pas. Cet artifice le rend unique et facilement reconnaissable. Tout le monde se souvient de lui.

Exemple, Serge Gainsbourg

"Cet artiste est une contradiction vivante : aussi digne que décadent, aussi chic que débraillé, aussi exigeant que laxiste : mais qui était-il vraiment ?" Aubin de Montfalcon, commentaire Youtube. Il n'existe pas de réponse à la question : "Mais qui était-il vraiment ?" Chaque personnage possède un mystère impénétrable.

Trouvez vos propres caractéristiques et amplifiez-les en public. Il existe une infinité de contradictions à mettre en valeur. Trouvez celles qui sommeillent en vous. Demandez de l'aide à votre entourage.

Avoir des anecdotes de vie à raconter

Les anecdotes de vie sont au cœur de la méthode du caméléon. Nous les retrouvons aussi à la couleur orange sur la connivence sociale. Dans notre chapitre, leur utilisation est un peu différente. Elles ont pour objet l'intensification de votre personnage. Le caméléon appelle cela les "anecdotes personnifiées". Dans la couleur orange, l'emploi d'anecdotes est un moyen de maintenir une conversation pertinente et donc d'augmenter le taux de connivence. Dans cette hypothèse, l'anecdote peut porter sur un nombre infini de sujets. Au contraire, les "anecdotes personnifiées" doivent avoir un lien avec votre " moi ".

Comment devez-vous procéder ?
Les anecdotes sont des expériences de vie qui doivent attirer la curiosité de votre auditoire. Elles doivent être racontées sur le ton d'un récit. Votre histoire ne doit pas être trop longue, sous peine de perdre l'attention de vos interlocuteurs. Mettez en œuvre la couleur jaune sur la théâtralité de votre discours. Les anecdotes personnifiées doivent impérativement être atypiques ; contradictoires ou mystérieuses. Nous sommes dans une phase de valorisation du personnage, mettez donc en œuvre les principes étudiés ci-dessus. Ces anecdotes vous permettent d'amplifier concrètement votre personnage. Centrez les anecdotes personnifiées autour de votre "moi". Le caméléon les évoque régulièrement autour des thèmes du vin, du sport et de ses expériences de vie rocambolesques. Il s'agit d'un outil flexible qui met en lumière votre personnage.

Trois éléments sont requis pour qu'une anecdote soit personnifiée.

1. Elle doit attirer la curiosité de votre auditoire ;
2. Elle doit éclairer favorablement votre " moi " ;
3. Mettez-y les formes (couleur jaune).

Conseil du caméléon : Comment être drôle ?

Les petites répliques bien placées lors d'un dialogue sont les plus efficaces pour faire rire. Réagissez avec spontanéité au propos de vos interlocuteurs. Essayez de comprendre quel registre fait rire telle ou telle personne, cela facilitera grandement la tâche. Inspirez-vous des grands de ce monde. La référence du caméléon est le comédien François Damiens. L'autodérision est aussi un bon outil pour faire rire.

Exemple, les récits folkloriques de ses soirées — valorisation de son personnage de bon vivant

Le caméléon raconte régulièrement les récits de ses soirées. Ils font sourire et lui permettent d'amplifier son personnage. La manière de les énoncer est essentielle. Il vous faut toujours être mystérieux dans votre narration. Laissez des zones d'ombre. Les individus seront d'autant plus intrigués par votre histoire, et donc par votre personnage. Posez des questions rhétoriques ; accentuez certaines phrases ; faites des gestes. Cela augmente le côté mystérieux et contradictoire, indispensable pour être un bon personnage. Ces récits doivent être courts, sous peine de perdre l'attention de votre auditoire.

Exemple, une soirée à Pigalle

Pigalle est un quartier de Paris très animé la nuit. Il est aussi réputé pour sa mauvaise fréquentation à partir d'une certaine heure. Un ami lui demande de raconter son samedi soir.

_ "Qu'est-ce que j'ai fait samedi soir ? — il baisse la tête et feint d'être essoufflé

Je suis sorti à Pigalle — voix enjouée

::: Moment de silence ::::

On a fait un before dans un bar vraiment pas cher, à 2,8 euros la pinte bière — voix classique

Puis, on est allé dans une boîte très plaisante, sur 3 étages, il faut y aller. Phrases saccadées (rythmer le récit)

J'ai bu convenablement — très grand sourire

5h [moment de silence] on sort. Je vois une bagarre à coup de bouteilles, je n'ai jamais vu ça, n'importe quoi". — mime de coups de poing et voix de la surprise

Analyse :

La voix classique est une intonation linéaire qui permet d'exprimer clairement sa pensée. Le caméléon y reviendra dans la prochaine couleur (jaune). Il met en valeur son personnage par le mécanisme de la contradiction. Il sort et "dort" dans un quartier inattendu pour ses amis de l'université. Ne négligez pas la forme, votre discours doit être théâtral (couleur jaune). Le récit est aussi marqué par des zones d'ombre : "J'ai bu convenablement". Cela accentue le côté mystérieux de l'histoire et donc du personnage.

Conseil du caméléon : Les soirées sont des lieux privilégiées pour amplifier son personnage, ce sont de vraies scènes de théâtre. Elles vous permettent de rencontrer du monde, mais aussi de jouer votre personnage aux yeux de tous. Ce sont des moments importants de votre vie sociale.

Exemple, le récit de ses escapades sportives extrêmes
Le marathon

_ "Déjà, je suis arrivé au marathon j'étais blessé. Je me suis froissé un ligament au semi-marathon le mois dernier. J'en ai eu des mauvaises idées, mais là.....

Est-ce que tu sais à quoi ressemble la douleur ultime, la souffrance profonde ? Fais un marathon et tu verras.
Des heures et des heures de douleur, surtout à partir du kilomètre 30.

C'est surtout mon genou qui me faisait mal, je n'aurais pas dû le courir blessé. Ça reste une très belle expérience, j'aime aller jusqu'au dernier de mes retranchements. Puis, l'ambiance est sympa, au début ça chante, ça discute. L'arrivée est magistrale.

Je le referai sûrement, mais les Ironman* ça m'attire aussi ".

*Course consistant à enchaîner 3,8 Km de nage, 185 Km de vélo et un marathon (42,195 Km).

Analyse :

Son histoire est séparée en deux parties, la première sur la difficulté physique et la seconde sur le plaisir que procure cette épreuve. Il crée une dynamique contradictoire au sein du récit, ses interlocuteurs sont immédiatement intrigués. De plus, il fait ressortir le goût pour les choses extrêmes de son personnage. Ce récit est digne d'un individu irrationnel, mais les gens apprécient ce qui est hors du commun.

Quant au côté mystérieux, il n'entre pas dans les détails du marathon. Par exemple, il reste vague sur les aspects les plus susceptibles d'attirer la curiosité de ses interlocuteurs, comme la souffrance ressentie pendant l'effort : "Est-ce que tu sais à quoi ressemble la douleur ultime, la souffrance ? Fais un marathon et tu verras".

Ayez des passions

Les individus qui n'ont pas de passions sont ennuyeux. Le caméléon parle des passions au sens large. Cela regroupe toute activité divertissante pour les êtres humains. Une passion peut être un sport, un métier... Vous devez avoir une ou plusieurs passions. Elles font partie de votre personnage, vous ne pouvez pas les négliger. Elles lui donnent de la vie. De plus, elles vous aident à définir votre "moi". Les passions se trouvent au cœur de chaque personnage et offrent un cadre à votre "moi". Les gens apprécient discuter avec des passionnés. Tout d'abord, ils découvrent des univers insoupçonnés. Cela agrandit leur culture. Une personne passionnée est une personne qui vit.

La passion nous fait oublier notre condition humaine. Elle est aussi un moyen de surmonter des moments difficiles. Elle est indispensable à toute vie sur terre. D'une part, les passions offrent des relations très privilégiées. Par exemple, le caméléon a tissé des liens forts avec son équipe d'aviron. Il estime que 35 % de ses rencontres se sont faites grâce à ses passions. D'autre part, ces dernières sont toujours abordées, de près ou de loin, lors de ses conversations : c'est un facteur de connivence.

Multipliez les passions, et vous multiplierez les rencontres et les relations stables.

Exemple, le vin

Le vin fait partie de la vie du caméléon. Il aime déguster cette boisson. Chaque vin est unique, ce qui fait de cette passion une quête infinie et très enrichissante. Les gens le questionnent souvent sur le vin. Ils recherchent avant tout des conseils. Quel vin puis-je acheter à ce prix ? Quelle région me conseilles-tu ? C'est une porte d'entrée pour multiplier les relations sociales. Les individus curieux lui posent aussi des questions de culture générale sur le vin. En quoi consiste la méthode champenoise? Combien de temps peut-on faire vieillir une bouteille ? Les gens acquièrent de nouvelles connaissances. Ils sont enchantés et recommandent le caméléon à d'autres personnes dès que le sujet du vin est évoqué.

Pour finir, le vin lui permet de rencontrer beaucoup de monde, que ce soit lors de dégustations ou de voyages oenologiques. Il est aussi un facteur de connivence (couleur orange).

Allez vivre et multipliez les expériences de vie

Plus vos réalisations sont nombreuses, plus votre attractivité sociale est importante. Les gens s'intéressent à vous parce que vous êtes captivant. Tout d'abord, ils sont attirés par les expériences de vie. Ils aiment questionner les parcours et les péripéties des autres. Cela résulte de la curiosité naturelle des êtres humains. De plus, ils acquièrent des connaissances et peuvent s'inspirer de ce que vous faites. Partagez votre expérience aux autres. Synthétisez le meilleur de votre vécu. Parlez de vos "bons plans" : une belle randonnée, un restaurant bon marché, une opportunité professionnelle, un investissement rentable... Tout ce qui est appréciable pour vous peut faire l'objet d'un "bon plan" : c'est un cercle vertueux. Plus votre vécu est important, plus vous connaissez de "bons plans", plus votre attractivité sociale augmente.

Cet intérêt est multiplié lorsque vous accomplissez des choses admirables qui sortent de l'ordinaire et qui demandent beaucoup de préparation et d'énergie. Peu de personnes réalisent ces actions. Cela crée immédiatement une dynamique sociale. Allez vivre et vous récolterez rapidement les fruits de ce vécu.

Gisèle Halimi, une femme de conviction

Née le 27 juillet 1927 à La Goutte en Tunisie, Gisèle Halimi est une figure du combat anticolonialiste et féministe. Issue d'une famille pauvre, elle continue ses études malgré l'avis négatif de ses parents. En 1948, elle obtient son diplôme d'avocate et plaide dans un environnement très masculin : les tribunaux militaires d'Algérie. Commence ensuite sa lutte féministe. Elle se bat pour l'avortement libre et la contraception. Elle lutte pour que les femmes aient le choix : "la maternité ne doit pas être l'unique horizon". En 1972, elle est avocate au procès de Bobigny et défend une jeune femme accusée d'avoir illégalement avorté après un viol. L'accusée est relaxée et ce procès politique ouvre une porte à la dépénalisation de l'avortement. L'ensemble de son combat sera salué par la loi Veil de 1975 qui dépénalise l'avortement.

Analyse :

Par la réalisation de grandes actions, Gisèle Halimi est entrée dans le cercle vertueux des relations sociales. Son parcours ainsi que son combat lui permettent de créer une certaine attractivité sociale : les gens parlent d'elle. Elle a donc eu accès à des opportunités dans tous les milieux. Par exemple, elle est nommée ambassadrice française à l'UNESCO. Elle côtoie aussi les grandes figures de l'époque telles que Simone de Beauvoir avec laquelle elle fonde "Choisir", une organisation nationale féministe qui aide les femmes victimes de violences sexuelles.

Réalisez des choses remarquables à plus ou moins grande échelle et vous serez récompensé.

Accolez une compétence à votre personnage

Du point de vue professionnel, il est intéressant d'associer à votre personnage une compétence. Tout le monde doit faire le lien entre vous et celle-ci. Tout d'abord, c'est une composante essentielle de votre personnage, elle fait votre unicité. Cela vous offre aussi de nombreuses opportunités professionnelles puisque votre spécialité est diffusée auprès du plus grand nombre. Les savoir-faire reconnus du caméléon sont le relationnel et l'investissement. Il est donc souvent sollicité par son réseau sur des thématiques en lien avec ces deux compétences. Ce mécanisme explique en partie la réussite financière du caméléon. Plus votre qualification possède une forte valeur économique, plus elle sera recherchée. Cela permet de développer un certain dynamisme autour de votre personnage. Trouvez les compétences que vous maîtrisez le mieux et associez-les à votre personnage. Ce peut être une matière telle que les mathématiques, mais aussi une qualité, comme la rigueur ou la créativité.

Comment associer une compétence à son personnage ?

Parlez-en autour de vous et montrez que vous êtes un spécialiste de la matière. Jouez votre personnage tout en valorisant votre savoir-faire. Habillez-vous, exprimez-vous de manière à faire ressortir vos compétences aux yeux de tous. Mettez en scène vos compétences personnelles.

Pour les caméléons très joueurs :
La " bonne " provocation

La provocation est un moyen efficace pour que l'on parle de vous. Provoquer consiste à agir de manière hors du commun. Deux critères permettent de définir ce mécanisme. Tout d'abord, seule une minorité de la population s'engage dans de tels dires ou comportements. De plus, ceux-ci doivent provoquer la colère d'une partie de la société. Ce sont des actes de rébellion animés par une forte symbolique. Ils sont le fruit d'une exagération volontaire. Leur force se trouve dans le dynamisme social que crée la "bonne provocation". Les gens en parleront. Cela renforce également le côté atypique de votre personnage puisque vous êtes l'un des seuls à faire cela. Vous marquerez les esprits.

Exemple, le droit de vote

Pendant une partie de sa jeunesse, le caméléon n'est jamais allé voter pour diverses raisons. Il maintenait une position ferme en affirmant qu'il n'irait jamais le faire. Il s'agissait en réalité d'une provocation délibérée, puisqu'il savait pertinemment qu'il irait voter un jour. Il défendait sa thèse ardemment. Cela a interpellé les gens. Certains ont plus ou moins compris sa position. D'autres sont devenus agressifs envers lui. Ce stratagème lui a permis de créer une forte dynamique sociale.

Autres exemples de "bonnes provocations" :

- Aller faire ses courses pied-nu en vacances ;

- Prôner un retour au Moyen-Âge (justice, mode de vie :

  "Œil pour œil, dent pour dent") ;

Attention, cet outil est dangereux. Vous risquez de vous forger une mauvaise image. Choisissez bien vos actes ou propos. À vous de faire votre propre expérience et de déterminer le seuil à ne pas dépasser. Gardez à l'esprit que l'objet de l'acte ou du propos provocateur ne doit pas être trop grave ou trop sérieux.

L'amplification du personnage et le mécanisme de la connivence sociale

Ce mouvement est contradictoire. D'un côté, vous devez amplifier votre personnage et donc votre singularité. D'un autre, la connivence est un mécanisme qui a pour objectif la conciliation de deux personnes lors d'une conversation. Les personnages sont toujours clivants et subissent de nombreuses critiques. C'est à vous de trouver l'équilibre qui vous convient entre l'amplification de votre personnage et le mécanisme de la connivence. Tout dépend de votre personnalité. Préférez-vous jouer la carte du consensus ou celle de la confrontation ?

Au début de sa vie sociale, le caméléon met l'accent sur la médiation. Son personnage n'est pas encore très affirmé. Il n'aime pas la confrontation et préfère bien s'entendre avec tout le monde. Cela lui permet de développer de nombreuses relations, sans pour autant entretenir de liens forts avec chacune.

A partir de ses 20 ans, il privilégie l'amplification de son personnage. Peu importe l'endroit, il reste lui-même. Cela lui permet de créer une très forte dynamique autour de son personnage, puisqu'il le joue tous les jours de manière affirmée. Il accroît donc de manière exponentielle la profondeur et le nombre de ses relations. D'un autre côté, il s'est fermé des portes, puisque certaines personnes détestent son personnage et refusent toute création d'un lien. Le personnage est clivant, il repousse ceux qui ne l'apprécient pas, mais il amplifie la qualité des liens avec les autres.

Aujourd'hui, il combine les deux.

Comment procéder lors d'une rencontre ?

Lorsque vous rencontrez quelqu'un, montrez les facettes qu'il souhaite voir. Mettez tout simplement en œuvre le mécanisme de la connivence sociale. Saisissez la personnalité extérieure de votre interlocuteur. Puis, amplifiez certaines parties de votre personnage en fonction de votre analyse. Appliquer le mécanisme de la connivence sociale avec votre personnage lors d'une rencontre est un levier extrêmement puissant. Cela permet d'augmenter le taux de connivence et d'amorcer de très belles amitiés. À terme, et si cette personne devient votre ami, elle connaîtra votre personnage dans sa globalité, mais vous serez déjà lié avec elle. Elle ne mettra pas un terme à votre amitié en découvrant l'intégralité de celui-ci. En effet, votre personnage se diffuse dans sa globalité à vos amis. Ils connaissent votre "moi" dans toutes ses facettes puisqu'ils vous fréquentent régulièrement. Par exemple, quelques facettes du personnage du caméléon déplaisent à certains de ses amis : les sportifs lui reprochent le fait de fumer des cigares. Des aspects de votre personnage peuvent même en heurter quelques-uns. Peu importe, votre personnage est l'expression de vous-même. Ne changez pas en raison des critiques. Sous réserve qu'elles soient récurrentes, restez vous-même. N'oubliez pas l'attraction sociale que vous apporte un personnage atypique et amplifié.

N'oubliez pas que l'ensemble des couleurs du livre permet le développement d'un personnage, mais les outils abordés dans ce chapitre sont les plus efficaces pour l'amplifier.

Conseil du caméléon : Intéressez-vous au test de personnalité du "Big Five". Il regroupe les 5 dimensions caractérielles d'un individu : l'ouverture ; la conscienciosité; l'extraversion ; l'agréabilité et le névrotisme*. Ces 5 éléments permettent de décrire la personnalité d'un individu. Ce test a été élaboré par le psychologue Raymond Cattell. Il peut se réaliser facilement sur internet. C'est un moyen efficace pour mieux vous connaître et mieux comprendre les autres. Vous pourrez mieux anticiper certaines réactions. Cet outil vous aidera dans votre vie de caméléon.

*Selon Eysenck, dimension de la personnalité correspondant à l'anxiété

Couleur Jaune :
La théâtralité des faits et gestes

<u>"La vie est une pièce de théâtre : ce qui compte, ce n'est pas qu'elle dure longtemps, mais qu'elle soit bien jouée</u>", Sénèque, philosophe romain.

Atmosphère jaune : couleur qui attire le regard. Elle représente la lumière.

Le caméléon voit la vie comme une pièce de théâtre, avec ses différents personnages, ses différents décors et péripéties. Mettez-vous dans la peau de votre personnage et amusez-vous à le jouer tout au long de votre vie. La couleur rouge vous apprend à développer le personnage de théâtre qui sommeille en vous. Il s'agit du "fond" de votre personnage. Ce chapitre traite de l'aspect extérieur du personnage. Vous allez apprendre à le jouer.

Le théâtre est un art vivant qui touche émotionnellement le spectateur. A l'instar du cinéma, nous avons tous déjà eu des frissons devant certaines pièces. Si vous faites de votre vie une pièce de théâtre, tout le monde sera impacté par votre personnage et se souviendra de vous. Vous pourrez ainsi créer des liens pérennes. Le caméléon considère le théâtre comme un jeu, et vous allez voir, c'est un vrai plaisir d'y jouer. La transmission de ses sentiments passe concrètement par les gestes et la parole. Le caméléon englobe ces deux éléments dans la catégorie du "discours théâtral". Les gestes et l'élocution sont facilement perceptibles par la majorité des gens. Ce sont les premières choses qu'ils discernent lors des premiers instants de la rencontre. Il est donc primordial de maîtriser au mieux le "discours théâtral". Le fond de votre allocution est aussi important. Le sens des mots utilisés relève également au discours théâtral.

Cette technique fonctionne depuis la nuit des temps. Les œuvres de Molière ou de Racine sont encore jouées à notre époque. Au-delà du génie scriptural de ces auteurs, ces pièces nous montrent que le discours théâtral est intemporel et touche émotionnellement la majorité d'entre nous. Si une pièce de Molière est interprétée par un mauvais acteur, l'effet inverse se produit. Les spectateurs s'ennuient et ne se souviennent pas de ce comédien malgré la finesse d'écriture de ces dramaturges. Soyez donc de bons personnages dans la forme. Pensez aux beaux parleurs au temps de la cité grecque. Ces politiques étaient appelés des sophistes. Leur maîtrise du discours théâtral leur permettait de convaincre les foules et d'accéder à de hautes fonctions politiques.

D'après l'étude d'Albert Mehrabian, un psychologue originaire des États-Unis, la communication entre individus se transmet verbalement (signification des mots) à un taux de 7 % ; 38 % vocalement (intonation de la voix), et 55 % corporellement. Le langage corporel représenterait donc 93 % d'une conversation. Cette étude est très répandue dans l'imaginaire collectif, mais elle possède de nombreuses limites que l'auteur lui-même mentionne. Nous ne nous attarderons pas sur ce sujet. Retenez que le langage corporel est une composante essentielle d'une discussion. Les Italiens ont cette coutume de parler avec leurs mains, ce qui donne de la profondeur à leurs propos. Ils transmettent beaucoup plus d'émotions. Leur communication est plus percutante. Mettez-vous dans la peau d'un Italien. Le discours théâtral est donc un moyen d'amplifier votre personnage. Le caméléon va vous apprendre à le maîtriser.

I) L'oral
L'intonation des phrases

L'intonation de vos phrases est primordiale pour transmettre des émotions et développer votre personnage. Elle se caractérise par le fait de moduler le type de voix lors d'une même phrase ou conversation. Généralement, notre ton est en rapport avec ce que l'on dit ou à ce qu'il se passe. Votre intonation doit être rythmée, changeante. La mono-tonie risque d'ennuyer votre interlocuteur. Il ne sera pas autant touché par vos propos, malgré la pertinence de ceux-ci. Des changements d'intonation brutaux vont surprendre vos interlocuteurs. Ces variations peuvent intervenir au sein de la même phrase ou entre chaque phrase d'un même discours. Peu d'individus interagissent avec les autres comme au théâtre : c'est un spectacle de tous les jours dont vous êtes l'acteur principal. Dès vos premiers essais, vous sortirez de l'ordinaire. Vous serez atypique. Ces modifications brutales vont créer une dynamique autour de votre discours, et donc de votre personnage.

Vous serez insaisissable, voire qualifié de mystérieux. Attention à ne pas recourir constamment à cette méthode. Mettez-la en place pendant les moments stratégiques de votre vie sociale. Par exemple, lors de rencontres avec de nouvelles personnes, lorsque vous racontez une anecdote ou que vous posez une question pertinente. Dans la vie de tous les jours, vous pouvez exploiter cette méthode modérément. Vous êtes la seule personne à pouvoir décider de sa fréquence d'utilisation. Tout dépend de votre caractère ou de votre envie à vous donner en spectacle. Une seule limite : observez la réaction de votre interlocuteur. S'il se sent gêné ou qu'il exprime une émotion négative, adaptez-vous.

Utilisez des silences, cela rend votre propos encore plus captivant. Placez-les au bon moment, sous peine de créer un malaise. Attention, un ou plusieurs silences mal positionnés dans une conversation peuvent être destructeurs de tout lien social. Employez-les méthodiquement. Vous pouvez par exemple les introduire juste après des paroles qui ont une forte valeur dans la discussion, après des allégations importantes. Vous n'allez pas instaurer un silence de 3 secondes après avoir parlé de la météo du jour. Vous avez également la possibilité de marquer un silence après une question. Cela appuie votre propos et laisse le temps à votre interlocuteur de réagir. Exploitez les silences modérément dans vos conversations, sous peine qu'ils perdent de leurs bénéfices. Les blancs sont des moments de conversation stériles. Ils sont dangereux pour la pérennité de celle-ci. Ils sont un signe annonciateur de la fin de la discussion. Cessez immédiatement l'échange lorsque vous sentez que votre interlocuteur ne souhaite plus la poursuivre. Pour autant, le blanc peut être un moyen de déstabiliser votre interlocuteur (lors d'un débat ou d'un échange musclé par exemple).

Classification des types de voix :

Le tableau ci-dessous regroupe les types de voix que vous pouvez utiliser lors d'un échange. Cette liste n'est pas limitative, il en existe une infinité. Ce tableau vous donne un cadre dans lequel peuvent évoluer d'autres variétés d'intonations. Cette classification s'inspire des recherches de l'auteur Jordan Belfort.

Nom de l'intonation	Mise en œuvre	Quand l'utiliser ?	Taux d'utilisation
La voix classique	Parlez de manière linéaire, sans tomber dans la monotonie.	Lors d'échanges du quotidien.	60%
La voix du grand sourire	Parlez avec un grand sourire et une voix enjouée.	Placez-la au milieu des phrases « classiques ».	20%
La voix du désespoir	Parlez avec une voix faible et une intonation grave.	Lors de moments stratégiques de votre vie sociale : nouvelles rencontres, soirées…	5%
La voix sérieuse	Parlez distinctement avec si possible des mots « savants ».	Lors de moments stratégiques de votre vie sociale : nouvelles rencontres, soirées…	5%
La voix de la surprise	Montez votre intonation dans les aigus au cours de votre phrase.	Lors de moments stratégiques de votre vie sociale : nouvelles rencontres, soirées…	5%
La voix de la fausse colère	Prenez une voix énervée : avec une forte intonation.	Lors de moments stratégiques de votre vie sociale : nouvelles rencontres, soirées…	5%

Tableau des intonations

Les pourcentages présentés dans ce tableau sont des approximations. Ils peuvent varier entre chaque type de conversation et chaque interlocuteur. Ces chiffres vous donnent un ordre de grandeur.

Analyse du tableau des intonations

Les intonations fondamentales :

La voix classique et celle du sourire représentent 80 % du temps de parole. Elles sont le socle de la conversation.

La voix classique permet de transmettre clairement sa pensée. Elle est la "première des voix". Elle sert aussi de point de référence pour les autres intonations. Elle est indispensable à la création d'un contraste avec les autres types de voix. Si vous n'avez pas de référentiel, comment voulez-vous instaurer un contraste ? La voix classique a donc pour objectif la mise en place de cette dissonance.

La voix du sourire est la plus importante. Elle résulte de l'application concrète de la règle : "il faut donner pour recevoir". Souriez et les autres vous le rendront. Cette voix enjouée est un moyen rapide et efficace pour développer son personnage et ses relations. Généralement, tous les individus qui sourient ont une vie sociale garnie. Votre sourire renvoie tout simplement de la gaieté. Utilisez-le, il enchantera tout le monde. Cette voix sera toujours appréciée, sauf si elle est mise en place lors de situations incongrues. De plus, le simple fait de sourire rend heureux. Selon la théorie de James-Lange, ce sont les réactions physiques qui causent les émotions. Ces psychologues prennent l'exemple de la rencontre soudaine avec un ours. Notre premier réflexe serait physique, puis s'enchaînerait la réponse psychologique. Donc, à la vue d'un ours, nous tremblons. La réaction psychologique de la peur interviendrait juste après. Souriez : vous et votre entourage n'en serez que plus épanouis.

Les intonations résiduelles :

Elles permettent de dynamiser votre discours et donc de le rendre plus captivant. Ces intonations sont spécifiques et renvoient à des sentiments très forts tels que le désespoir. Leur utilisation doit nécessairement être résiduelle. Il est déconseillé d'échanger plus de 30 % du temps avec la voix de la surprise. Les gens vous prendront pour quelqu'un d'éberlué qui découvre chaque instant de la vie. La force de ces intonations se situe dans le bagage émotionnel qu'elles transmettent. Une voix du désespoir au milieu d'une voix classique ou souriante interpelle votre interlocuteur. Il sera captivé et surpris par l'emploi de cette intonation.

Les voix résiduelles ne doivent pas forcément avoir un rapport avec le sujet. Par exemple, la voix du désespoir ne doit pas être exclusivement utilisée pour des moments tristes. N'oubliez pas que ce sont des voix de théâtre. Elles vous permettent de donner de la profondeur à vos propos et donc à votre personnage. L'utilisation de ces voix participe à son développement.

Exemple, résultat d'examen

Discussion qui a pour objet les notes d'examen.

_ "Tu as eu combien en mathématiques" ? (voix classique)

_ Un ami : "7"

_ "Tu as eu 7 toi ? (voix de la surprise)

Je n'ai pas fait beaucoup mieux, j'ai eu 9, mais c'est un scandale ! La moyenne de la promotion est à 6, le sujet était beaucoup trop long et complexe". (voix du désespoir, puis voix classique)

_ Un ami : "Je suis désespéré."

_ "Ne t'inquiète pas, ça va bien se passer. On a tous eu de mauvaises notes".(voix classique)

L'exemples donnés à la page 32 (Orelsan) traite lui aussi de la modulation de la voix.

II) La gestuelle

La gestuelle est la seconde composante du discours théâtral. Elle est un moyen d'illustrer et d'amplifier vos propos. Émotionnellement, les gestes influent beaucoup sur vos interlocuteurs. En France, peu de personnes s'expriment avec l'aide de leur corps. Ne soyez pas timide. Amusez-vous avec une gestuelle propre à votre personnalité et à votre personnage.

Utilisez une gestuelle abondante

Il n'existe pas de limite quant au nombre de gestes que vous pouvez utiliser lors d'une conversation. Les bras et les mains sont les premières parties du corps à mettre en mouvement. Elles sont faciles à manier, et vos interlocuteurs ne peuvent pas les manquer du regard.

La première règle est de les actionner lorsque vous souhaitez appuyer un point de votre discours. Lors de moments stratégiques de sa vie sociale, le caméléon agite ses membres tout au long de la discussion. Il les monte vers le haut, ses mains se ferment, se rouvrent.... Regardez l'allocution du président Charles de Gaulle du 2 avril 1962. Il répète plusieurs mimiques avec plus ou moins de rapidité. Cela n'est pas insurmontable à mettre en place. Vous pouvez également jouer avec votre buste. Par exemple, vous pouvez vous plier et vous déplier de manière énergique. Cela donne du relief à votre discours. À vous d'être créatif, il n'existe pas de mauvais gestes. A l'inverse, certaines mimiques ne sont pas appréciées socialement, notamment se ronger les ongles, se faire craquer les os...

Pour rappel, le sourire est indispensable en société. Chaque personne possède un sourire unique, il est une composante essentielle d'un personnage. Faites l'expérience, forcez-vous à sourire pendant une journée à toutes les personnes que vous croiserez, vous ne serez pas déçu.

La gestion du regard

Chaque personne dispose d'un regard unique. Il vous distingue des autres. Il est d'ailleurs très difficile à gérer lors d'une conversation, surtout lorsque vous ne connaissez pas votre interlocuteur. Pendant les premières rencontres, votre regard doit à la fois se dévoiler à votre auditoire, mais aussi se soustraire à celui-ci. Vous devez regarder les yeux de la personne en face de vous sans insister. Elle découvrira "votre" regard qui est une composante essen-tielle de votre personnage.

Si vous ne savez pas quand l'observer, faites-le simplement quand vous lui parlez. Il est désagréable de converser avec une personne qui ne nous regarde pas. Lorsque l'individu vous répond, votre regard peut alterner entre son visage et tout le reste de votre champ de vision. N'oubliez pas que votre regard doit aussi échapper à l'autre, sous peine de créer une atmosphère pesante. Cette dynamique varie en fonction de chaque interlocuteur, seule l'expérience vous aidera à mieux maîtriser cette technique.

Plus vous entretenez une relation de proximité avec la personne, plus votre regard s'oriente directement vers les yeux de l'autre.

Conseil du Caméléon : Lorsque vous prenez la parole dans un groupe (conversation à plusieurs) regardez l'ensemble des membres. N'excluez personne de votre regard, sous peine de rompre toute création d'un lien social. Le caméléon insiste vraiment sur ce conseil.

Utilisez une gestuelle symbolique et répétée

Trouvez une gestuelle symbolique que vous répéterez dans le temps. Les symboles marquent les esprits. Tout ce qui est visuel attire immédiatement l'attention. Cela vous permet d'amplifier votre personnage sur le long terme et avec un moindre effort.

Assumez toutes vos caractéristiques physiques, même celles qui pourraient être considérées comme des défauts.

Exemple, la gestuelle symbolique du caméléon

- Il est constamment voûté. Depuis son adolescence, il se tient dans cette position. Certains de ses amis l'appellent le bossu ;
- Lors de débats ou de conversations, il lève l'index en l'air pour appuyer certains propos ;
- La manière d'assaisonner la viande de Salt Bae*.

*entrepreneur parti de rien qui s'est créé un empire dans le monde de la restauration avec sa manière d'assaisonner la viande. Son geste est connu de tous. Je vous conseille d'aller le voir en vidéo.

Vous pouvez aussi développer une gestuelle amicale auprès de vos amis. Un petit tapotement sur l'épaule, une poignée de main ferme, un clin d'œil. Il existe une infinité de comportements, à vous de choisir ceux qui correspondent le mieux à votre personnage.

Conseil du Caméléon : Mettez en œuvre la technique de la synchronisation. Elle consiste à reproduire, de manière subtile, les faits et gestes de votre interlocuteur. Synchronisez vos tournures de phrases, votre position de corps ainsi que le vocabulaire utilisé par votre auditoire. Cela crée immédiatement une connivence physique. Ne reproduisez pas l'ensemble des mimiques et discours de la personne, sous peine de créer une atmosphère pesante.

III) Le fond du discours

Utilisez des phrases symboliques et répétées

Utilisez des phrases symboliques telles que des dictons. Elles mettent votre personnage en valeur. Elles doivent être courtes et percutantes. Sortez des discours habituels, soyez atypiques tant sur l'intonation que sur le sens de la formule. Ce peut aussi être des phrases ordinaires, mais le fait de les répéter avec une certaine tonalité leur donne un aspect symbolique et mystérieux.

Le caméléon possède un petit panel de formules qu'il utilise régulièrement lors de conversation. Ce sont "ses" expressions qui font partie de son personnage. Les gens se souviennent de celles-ci. Elles participent au renforcement de son personnage.

Exemple, le panel de dictons du caméléon :

- "C'est un scandale" : voix de la fausse colère
- "Non mais il y a 24 heures dans une journée" : voix sérieuse
- "Je suis outré" : voix du désespoir

Trouvez ces phrases et associez-y une intonation spécifique. Puis employez-les lors de discussions.

Parlez avec passion et ferveur

Vous devez échanger sur le ton du discours théâtral. Cela fait partie de votre mise en scène quotidienne. Engagez-vous pleinement dans la discussion.

Lorsqu'il aborde un sujet qu'il connait bien, le caméléon utilise parfois le "discours de vente". Ce discours consiste à vanter les mérites d'un sujet de conversation, à l'instar de la vente d'un produit. Vous n'essayez pas de vendre quelque chose au sens propre, seulement de donner envie à votre auditoire de s'intéresser à l'objet de la discussion. Tous les thèmes sont susceptibles d'être vendus : une passion, un lieu de villégiature, une activité... Le sujet de la discussion peut être relatif à vous-même ou être attaché à votre interlocuteur. Ce mécanisme fonctionne dans les deux sens.

Mettez en œuvre le discours théâtral et qualifiez avec des adjectifs le thème de la conversation. Ces adjectifs doivent être mélioratifs, incarnez un personnage de vendeur. Trouvez des avantages à cette activité ou passion. Si vous connaissez bien votre interlocuteur, orientez votre propos en fonction de ce qu'il aime. Restez honnête, la sincérité est primordiale pour forger des relations sociales. Une réputation de menteur ou de personne intéressée peut faire sombrer votre vie sociale.

Le fait de "vendre" le sujet de conversation apporte deux commodités. Tout d'abord, "vendre" un sujet relatif à votre interlocuteur augmente le taux de connivence. Il sera satisfait de votre présence. Par la vente d'un thème relatif à votre personne, vous allez créer une "attraction sociale". Les individus souhaiteront vous accompagner dans les activités que vous réalisez puisque vous faites leur éloge. À terme, vous allez créer une dynamique autour de votre personnage et des activités qu'il pratique. Rappelez-vous que les passions et les passe-temps sont des composantes essentielles du personnage. Vous allez donc vendre celles-ci pour que vos interlocuteurs y adhèrent. Ils auront envie de les découvrir. Faites entrevoir aux autres votre vie ainsi que votre personnage. Puis, accompagnez-les dans ce nouvel univers. Évidemment, vous n'êtes pas obligés de demander à votre interlocuteur d'y participer si ce dernier n'en manifeste pas le souhait. Il peut être intéressant de sélectionner uniquement les plus motivés.

Exemple, Les 24 heures du Mans

Comment le caméléon vend-il cette course à des personnes qui ne connaissent pas du tout le monde de l'automobile ?

"Les 24 heures du Mans, c'est une course d'endurance mythique. Entre le tracé déraisonnable du circuit et les 3 catégories de voiture qui tournent en même temps, les 24 heures du Mans est une course grandiose qui a plus de 100 ans.

Vraiment, il y a la plus grande ligne droite au monde en course automobile, elle fait 6 kilomètres… Il y a déjà une voiture qui s'est envolée, mais ils ont mis de petits virages pour diminuer la vitesse après cet accident. Aujourd'hui, elles roulent dans les 330 kilomètres par heure.
Ce qui est incroyable c'est que ça se double tout le temps, puisqu'il y a 3 catégories de voiture. Et la nuit…… Je te laisserai découvrir, c'est impressionnant.

J'y vais la semaine prochaine, j'ai un bon plan. J'ai un moyen d'accéder au milieu du circuit."

Si vous pensez que certaines phrases sont beaucoup trop littéraires pour être énoncées à l'oral, détrompez-vous, le caméléon parle de manière très lyrique. Cette histoire, il la raconte à de nombreuses personnes. Spontanément, les passionnés d'automobiles veulent venir. Ceux qui ne connaissent pas ont aussi envie de découvrir cette course, ils viennent et passent un très bon week-end. Puis, ils racontent ce week-end à leurs amis et ainsi de suite. C'est ce que le caméléon appelle le cercle vertueux des relations sociales.

"La forme, c'est le fond qui remonte à la surface", Victor Hugo.

La forme permet d'amplifier le fond du personnage. Elle est plus facile à mettre en place et permet d'embellir un fond qui manque d'attractivité sociale. Il faut donc prioriser la forme au fond. Ces deux notions sont liées, les principes qui s'appliquent au fond du personnage doivent aussi être mis en œuvre pour la forme. Pour rappel, ces principes sont l'insaisissabilité, la mystériosité et la typicité. La forme est une émanation du fond, vous devez donc maintenir les mêmes logiques à l'oral et dans vos gestes. Gardez toujours à l'esprit l'adage de Victor Hugo :

"La forme, c'est le fond qui remonte à la surface".

Couleur Bleue :
Le taux d'engagement

"Donne à celui qui te demande, et ne te détourne pas de celui qui veut emprunter de toi", Matthieu, Verset 5:42, Sainte Bible.

Atmosphère bleue : couleur la plus appréciée dans le monde. Le bleu est une valeur sûre. Il est présent en abondance et symbolise la sympathie et la confiance.

Le taux d'engagement est un concept qui résonne, lui aussi, avec l'adage "il faut donner pour recevoir". Donner ; n'est-ce pas l'action humaine la plus noble ? Malheureusement, l'être humain est souvent animé par des considérations sentimentales, pécuniaires ou politiques lorsqu'il s'agit de donner. Il attend toujours un retour plus ou moins important de son acte.

Ce concept est d'autant plus important que nos relations se multiplient et se numérisent aujourd'hui. Il en résulte un relâchement des liens amicaux. Les individus se sentent moins proches de leurs semblables. L'action humaine est constamment tournée vers la création d'une dette sociale envers l'autre. Si je te donne cela, j'espère que tu m'offriras cela en échange. Aujourd'hui, le "je" passe avant le "nous". À cela s'ajoute une société compétitrice et capitaliste. Toujours plus, toujours plus rapidement et toujours mieux. Dès lors, le fait de donner est dénaturé dans sa splendeur en raison d'une vision courtermiste et égocentrique de la vie en société.

Il résulte de cette montée de l'individualisme un manque d'engagement social. Les gens ne se sentent pas profondément concernés par les demandes des autres, ils peuv ent même exprimer de l'indifférence. Les "autres" sont entendus au sens large. Cela inclut les amis, la famille ainsi que l'inconnu que vous croisez dans la rue. Le caméléon reçoit de nombreux témoignages de personnes se plaignant d'une faible vie sociale, mais leur taux d'engagement est minime. Les individus passent outre les sollicitations sociales et trouvent des excuses pour les esquiver.

Le taux d'engagement est le fait de donner aux autres de son temps et de son énergie. Engagez-vous toujours de bon cœur, de manière spontanée et naturelle. À partir du moment où vous "perdez" du temps et que vous consommez de la calorie en faveur des autres, vous êtes engagés auprès d'eux. Par exemple, vous réalisez une action engageante lorsque vous discutez avec des gens ou que vous leur offrez un verre. Le taux d'engagement se compose de deux facettes principales. La première est le fait d'aller vers son prochain en prêtant attention à lui. Par exemple, lorsque vous aidez les autres ou que vous prenez du temps pour eux et avec eux. Faites preuve d'altruisme. Engagez-vous personnellement auprès d'autrui. La seconde se traduit par une vie sociale rythmée par les rencontres et les sorties. La première facette vous permet de développer la seconde.

La méthode du taux d'engagement vous permet d'accroître vos liens ainsi que la qualité de ceux-ci. Certains individus introvertis ont, par nature, un taux d'engagement moins important. Le caméléon ne force personne à développer ses relations sociales. Cependant, avec de la volonté et du travail tout le monde peut réussir à embellir sa vie sociale en fonction de sa personnalité. Évidemment, nous serons toujours animés par des considérations senti -

mentales, politiques ou pécuniaires lorsque nous agissons, mais replacez-les derrière la spontanéité de votre acte. Soyez honnête dans vos agissements, sous peine d'être démasqué et de subir une réprobation sociale. Engagez-vous sans cesse de bon cœur, de manière spontanée et naturelle. Dès que vous avez les moyens d'aider un ami ou une connaissance, allez-y. Quand bien même cela peut vous faire "perdre du temps" ou de l'énergie, rendre service participe au bonheur personnel et collectif. C'est également un remède contre l'anxiété et la dépression puisque vous aurez la reconnaissance des autres. Selon Abraham Maslow, ce besoin est le deuxième plus important dans une vie.

Si vous êtes attentionné et charitable, les autres le seront aussi avec vous : c'est un cercle vertueux. Si vous rendez service, la société vous rendra la pareille. Cependant, cette réciprocité ne doit en aucun cas être la seule finalité de vos actions. Maintenez votre spontanéité naturelle et le cercle vertueux se mettra automatiquement en place. Les gens animés exclusivement par des intérêts malsains ou égocentriques se font vite démasquer.

Exemple d'une action spontanée

Un dimanche soir de juillet, le caméléon boit un café chez une amie. Lors de la discussion, elle lui dit qu'elle prend l'avion le lendemain matin à 6 heures. Voyant le désespoir dans ses yeux, il lui propose immédiatement de l'emmener à l'aéroport. Cette amie l'a remercié chaleureusement et il était heureux d'avoir rendu service. Cet exemple illustre ce qu'est la "spontanéité naturelle". C'est une réaction instinctive. Ce référentiel doit guider toutes vos actions.

Mesurez votre taux d'engagement :

Répondez par oui ou par non.

- Faites-vous régulièrement le déplacement au domicile ou au lieu de travail de vos amis pour les voir ?
- Lors d'une discussion avec un ami ou une connaissance, vous évoquez un bar très sympa dont vous avez oublié le nom. Vous lui promettez de lui envoyer l'information le soir même. Envoyez-vous ce message de votre plein gré ou attendez-vous d'être relancé ?
- Honorez-vous l'ensemble de vos engagements sociaux tels qu'un verre ou une soirée ?
- Rendez-vous chaque fois les invitations que vous avez reçues ?
- Souhaitez-vous chaque fois les anniversaires de vos proches ?

Ces questions illustrent ce qu'est le taux d'engagement.

- Si vous avez quatre ou cinq "oui" : taux d'engagement important.
- Si vous avez trois "oui" : taux d'engagement moyen.
- Si vous avez un ou deux "oui" : taux d'engagement à travailler.
- Si vous n'avez aucun "oui" : taux d'engagement à travailler d'urgence.

La méthode pour accroître son taux d'engagement

Faites preuve d'empathie et mettez-vous à la place des autres. Comment aimeriez-vous que l'on vous traite dans la vie de tous les jours ? La réponse à cette question vous aidera dans la démarche à suivre pour améliorer votre taux d'engagement : sympathie, petites attentions, bienveillance…

Soyez au service des autres. Cela peut être perçu comme une obligation naturelle, un devoir moral, d'agir en faveur des autres.

Saisir le besoin ou la demande de votre interlocuteur

Attention, soyez sûr et certain que cette personne veuille de votre aide. Cernez bien sa demande. Généralement, les individus énoncent clairement leurs envies, mais il faut bien les comprendre et les délimiter.

Le surengagement

Le surengagement est l'hypothèse dans laquelle une personne s'engage trop envers les autres, ou a une vie sociale trop importante et n'arrive plus à l'assumer.

La gentillesse est le fondement d'une vie sociale réussie. Cependant, ne tombez pas dans l'excès. Ne soyez pas trop serviable avec les autres. Pourquoi ? Vous allez attirer les "requins". De nombreux individus abuseront de votre gentillesse et vous déposséderont de votre énergie et de votre temps. Ils vous laisseront seul le jour où vous en aurez besoin. Essayez de repérer les personnes qui ne sont là que par intérêt. Ils vous sollicitent beaucoup, mais sont rarement présents en cas de problème.

D'autre part, une personne qui s'engage de manière trop importante pendant les premiers instants d'une rencontre peut paraître intrusive. Le caméléon qualifie de "temps de validation" cette période durant laquelle l'individu ne vous a pas encore confirmé socialement. Vous n'êtes encore pour lui qu'une simple connaissance. Au cours du temps de validation, restez à l'écoute de votre interlocuteur, ne vous surengagez pas. Il risquerait de prendre peur. Ce laps de temps varie en fonction des rencontres. Avec certaines personnes méfiantes, le caméléon a mis plusieurs mois, voire années avant d'être validé et de pouvoir s'engager pleinement. Dès que vous serez accepté, vous pourrez par exemple proposer un verre de manière spontanée à ces personnes sans créer de malaise ou tout autre sentiment désagréable.

Par ailleurs, certaines personnes ont une vie sociale trop garnie et n'arrivent plus à l'assumer. Le caméléon fait référence aux gens qui oublieraient de venir à des moments amicaux. De même, rester seulement 30 minutes à un verre ou une soirée pour rejoindre d'autres personnes est un travers social. La personne qui agit ainsi court le risque de perdre des relations sociales à force de négliger la qualité de celles-ci.

Le manque de respect social

Le manque de respect est sûrement l'élément le plus destructeur de relations sociales. Il peut faire descendre votre taux d'engagement à zéro. Dépensez correctement votre énergie en faveur des autres. Respectez les autres, c'est une règle élémentaire. Une mauvaise réputation se crée très vite et il est difficile de s'en départir. Soyez poli, dites bonjour, souriez et tout ira bien.

Certaines personnes n'acceptent pas que la période de validation (concept étudié ci-dessus) soit trop longue. Ils arrêtent immédiatement la création du lien social. Cela résulte d'un égo trop important. Leur "moi" est si vaste qu'ils ne peuvent se voir refuser une amitié. La création de liens sociaux demande de la persévérance, ne fléchissez pas devant le premier obstacle. Vous risquez de perdre de belles opportunités de rencontre. Une altercation peut aussi être fondatrice de liens. Prenez vos décisions calmement, ne vous laissez pas submerger par les émotions. Projetez-vous sur le long terme.

Exemple, une période de validation difficile - manque de respect social

Le caméléon s'est fait un ami au lycée. Ils se voyaient régulièrement, accompagnés d'autres amis en commun. Au bout de 6 mois, il n'invite pas le caméléon à son anniversaire. Les amis du caméléon trouvent cela scandaleux et le poussent à entrer en conflit. Non ! Respectez le choix des autres. Êtes-vous là par intérêt ou pour créer de vraies relations sociales ? Finalement il est resté ami avec cette personne et tout va pour le mieux. Il le voit régulièrement. Par ailleurs, de nombreuses personnes perdent des opportunités amicales en raison de leur égo. Elles préfèrent arrêter immédiatement la création d'un lien social, puisqu'elles ont été touchées par une dispute ou un refus d'approfondir la relation. Cessez instantanément ! De plus, cela peut montrer que vous n'entretenez pas une amitié avec cette personne pour les bonnes raisons. Si vous teniez vraiment à faire perdurer ce lien, vous feriez plus d'efforts d'engagement. Vous ne reculeriez pas dès le premier accrochage ou refus, sous peine d'être qualifié d'opportuniste. Les gens qui font cela ont perdu de vue la règle fondamentale : "engagez-vous toujours de bon cœur, de manière spontanée et naturelle". Faites preuve d'humanité.

En revanche, lorsque la personne refuse à de nombreuses reprises un engagement de votre part, cessez immédiatement votre démarche. Cette personne refuse tout simplement la création d'un lien avec vous. Cette règle s'applique aussi dans la sphère amicale. S'ils rejettent vos sollicitations, ils cherchent à réduire leur degré de proximité avec vous, ou du moins à refonder la relation.

Ne vous prenez pas la tête

Toujours dans cette optique de rendre votre vie sociale plus facile, ne vous prenez pas la tête et allez chercher le consensus. Le caméléon ne se dispute que très rarement avec ses amis. Il fait passer au second plan son égo et ses émotions. Il préfère maintenir de bonnes relations avec ses amis plutôt que d'entrer en guerre avec eux pour des raisons insignifiantes. Lorsque les autres apprécient votre présence, ils sont moins regardants sur vos faux pas.

De nombreuses personnes réalisent une "erreur fondamentale d'attribution". Cette expression vient du psychologue Lee Ross. Il démontre dans ses travaux que les individus ont tendance à penser que leurs propres comportements résultent de circonstances indépendantes de leur volonté, tandis que ceux des autres découlent de leur personnalité. Les gens blâment les comportements déviants des autres en supposant que ceux-ci proviennent de leur caractère. Au contraire, lorsqu'ils réalisent eux-mêmes des erreurs telles qu'arriver en retard, ils mettent en avant des événements indépendants de leur libre arbitre pour justifier ce comportement. Avant de juger "à chaud" votre ami, prenez en compte les éléments extérieurs à sa personnalité, cela pourrait expliquer de nombreuses actions de sa part.

Si l'un de vos amis agit très mal et que cela met en péril votre confiance envers lui, demandez-lui des explications. Essayez de comprendre pourquoi il a réagi comme cela. Pardonnez-lui le cas échéant. Laissez toujours une deuxième chance aux autres, sauf en cas de faute grave. Il est difficile de la définir, tout dépend de votre seuil de tolérance et de la nature de la relation. Pour finir, écartez-vous des personnes "toxiques" qui ne font aucun effort. Le caméléon fait référence aux individus qui vous font du mal depuis longtemps et qui ne cessent pas leurs agissements.

Exemple, les relations sentimentales homme-femme

À travers cet exemple, le caméléon reprend les fautes d'engagement commises par un ami.

Lors d'une soirée, il fait les présentations entre deux de ses amis. Jade et Louis. Ils ne se lâchent pas et discutent beaucoup. Ils se disent au revoir à la fin. Ils vont sûrement se revoir. Une semaine plus tard, ils se recroisent. Pas un mot, pas un regard échangé entre eux. Que s'est-il passé ? C'est le meilleur exemple d'une relation intéressée.
L'homme ou la femme se rapproche de l'autre uniquement pour se mettre en couple. Restez naturel et spontané lors des premiers instants. Attendez que votre bien-aimé vous

"valide" en tant qu'ami. Puis, créez une belle relation amicale sans révéler votre but ultime. Saisissez une occasion et tentez votre chance.

Cette histoire aurait pu finir en relation amoureuse.

Quels sont donc les éléments qui ont renversé la situation ?

1. Le surengagement

Dès le début, son ami prend cette relation trop à cœur, toute son énergie est tournée vers elle. Il relance constamment Jade par message sans qu'elle ne soit réceptive. Elle ne répond que tardivement à ses sollicitations. Elle finit par ignorer ses messages. Louis ne limite pas son engagement. Écoutez attentivement votre interlocuteur. Il faut proportionner son engagement en fonction de l'autre. Dans notre exemple, Louis aurait dû moins s'engager au début et construire une relation amicale pour ensuite dériver vers une relation sentimentale.

2. Le manque de respect social

Lorsque Louis comprend que Jade n'est pas intéressée, il coupe tout contact, même s'ils auraient pu devenir amis. Lorsqu'ils se sont recroisés, il ne salue même pas Jade. Notre exemple illustre un manque de respect social. Louis fait passer son égo et ses sentiments avant la création d'un lien.

3. Le manque de compréhension de l'autre

Louis ne fait pas attention à la réaction de son inter-locutrice. Il lance des discussions sur des sujets qui ne l'intéressent pas. Par exemple, il parle beaucoup de politique et pas de la bonne manière. L'ensemble de ces erreurs ferme la possibilité de créer un lien social avec Jade.

"Il faut donner pour recevoir", Dale Carnegie

Dale Carnegie affirme qu'il faut "donner pour recevoir". Le fait de donner une chose ou de son temps crée immédiatement une dette à votre profit. Nous avons tous déjà ressenti une forme d'obligation naturelle lorsqu'un vendeur de confiserie nous fait goûter son meilleur pain d'épice. Dans la majorité des cas, vous achetez, puisque l'adage se met en œuvre. Ce mécanisme est universel, aucun être humain ne peut y échapper.

Cet adage est un puissant levier dans les relations, mais il peut aussi être éminemment destructeur. S'il est bien employé, il peut faire décoller votre vie sociale. Le simple fait de donner pour recevoir n'est pas une méthode effi-cace en elle-même. Le mécanisme est plus subtil que cela et certaines précautions doivent être prises lors de sa mise en œuvre.

Donnez de manière précise et attentionnée auprès des autres

Chaque offrande doit être entreprise avec une certaine intelligence sociale, tant sur la forme que sur le fond.

Sur la forme, mettez-en œuvre la couleur jaune qui porte sur la théâtralité des faits et gestes. Offrir un cadeau n'est pas une action anodine, elle doit marquer longuement la personne. Pour parvenir à cette fin, scénarisez le moment ou le cadeau en lui-même. Le "cadeau surprise" fonctionne toujours bien. Il marque les esprits dans le temps. Votre offrande doit être personnalisée. Glissez quelques mots gentils ou faites directement un petit discours. Pour finir, soyez présent lorsque le cadeau est remis à la personne, notamment pour les cadeaux collectifs. La personne doit vous associer au cadeau.

Sur le fond, un cadeau doit être en adéquation avec le "moi" de la personne. Si vous ne voulez pas vous tromper, cernez avec précision ce "moi".

Les limites de l'adage :

Une société patriarcale

Tout comme le surengagement, le fait de trop offrir peut se retourner contre vous. L'ère de la société patriarcale commence à prendre fin en occident. Les femmes peuvent s'émanciper financièrement. Le droit pousse vers une égalité entre les deux sexes. Cette égalité n'est pas encore parfaite en pratique, mais les mentalités commencent à changer.

Certaines femmes considèrent qu'un homme qui ne ferait que l'inviter ou lui offrir des cadeaux sans réciprocité est un patriarche. Cela peut rompre la possibilité de créer un lien social. Soyez attentif aux réactions de votre interlocutrice.

Une perte de rareté dans le geste d'offrir

Lorsque la personne donne trop régulièrement, son geste perd de sa valeur, il devient banal. Si la forme et le fond ne sont pas mis en œuvre, votre acte perd de sa splendeur. Quand vous offrez quelque chose, soyez méthodique. Faites-le au bon moment.

Cette dernière partie vous donne trois conseils pour être pleinement engagée envers les autres.

Accompagnez vos amis et connaissances dans leurs passions

Accompagnez vos amis dans leurs passions. Intéressez-vous à celles-ci et pratiquez-les avec eux. Cela est extrêmement apprécié puisque vous êtes présent avec et pour vos amis. Ils seront ravis de vous faire découvrir leur univers. De votre côté, vous faites de nouvelles expériences de vie très plaisantes. Elles peuvent toujours être utilisées pour mettre en œuvre le mécanisme de la connivence sociale (anecdotes).

Conseil du caméléon : Apprenez à faire un maximum d'activités. Cela multiplie vos possibilités d'accompagner vos amis et connaissances dans leurs passions.

Pour finir, le caméléon accompagne ses amis dans leurs projets professionnels. Il les met régulièrement en situation, comme s'ils étaient de vrais professionnels du secteur. Par exemple, pour ses amis futurs avocats, il leur pose des questions sur le fonctionnement de la justice ou sur ce qu'il risque s'il commet telle faute. Ils apprécient ces mises en pratique, ils se projettent dans leurs futurs métiers. Si l'un de vos amis est dentiste, allez le consulter et recommandez-le à votre entourage. Bien évidemment, le caméléon les soutient aussi dans toutes leurs démarches. Peu importe leur projet, vous devez être le meilleur supporter de vos amis, sauf à considérer que celui-ci est préjudiciable ou dangereux.

Savoir complimenter avec honnêteté et bienveillance vos proches

Recevoir l'éloge de ses proches est certainement l'une des choses les plus appréciables. Elle est une source de complicité et de confiance réciproque. Prenez quelques précautions lorsque vous faites des louanges à vos proches. Soyez profondément sincère dans ce que vous dites. Si votre compliment est banal ou inadapté pour votre interlocuteur, il perd toute sa force. Complimentez-le "moi" de votre ami avec une certaine théâtralité. Vous pouvez par exemple fixer les yeux de votre interlocuteur tout en prenant une voix assurée. Faites votre déclaration lors d'un moment intime et privilégié, cela renforcera l'effet désiré. De nombreuses personnes ne complimentent pas leurs proches en raison d'une certaine pudeur. Passez outre cette barrière ! Vous pouvez commencer par de petits compliments sur le physique ou les vêtements par exemple. Lorsque vous faites un éloge à une connaissance ou à une personne que vous venez de rencontrer, mettez en œuvre la technique de l'entonnoir (p 25). Commencez par de petits compliments impersonnels. Ne vous lancez pas dans une grande déclaration, sous peine de créer un malaise ou de passer pour un opportuniste. Ces petits compliments s'appellent des "félicitations". Généralement,

ils portent sur des choses quelconques : vêtements, réussite. Lorsque votre relation avec cette personne sera plus
étroite, vous pourrez la complimenter sur des éléments
plus intimes.

**Ayez des relations très privilégiées malgré la multi-
plication des rencontres**

Entretenez des liens forts et intimistes avec un maximum
de personnes. Songez à l'image du meilleur ami. Vos amis
et connaissances doivent avoir confiance en vous. Votre
réputation de confident doit être irréprochable : gardez-les
secrets. En retour, faites confiance aux gens, c'est un mécanisme réciproque.

Parlez de choses intimes lors de vos entrevues, même
avec des personnes que vous ne voyez qu'occasionnellement. Songez aux histoires de cœur, de famille ou à vos
problèmes personnels. Reprenez la formule énoncée dans
la couleur orange : "Improvisez-vous meilleur ami". Cela
crée une grande proximité avec la personne. Dès lors, vous
forgez des liens plus forts, et donc plus pérennes. Pour
accélérer ce mécanisme, poussez la personne à parler
d'elle et de ses secrets. Enclenchez ce mouvement naturellement. Évoquer votre propre vie pose un cadre propice
à la libération de la parole. Retenez des détails très précis
et intimistes sur votre interlocuteur, cela accroît le taux de
connivence et la profondeur de la relation. Soyez toujours
présent lors des moments forts de la personne. Que ce soit
un anniversaire ou une déception amoureuse, consacrez
toute votre énergie à ces moments de vie importants. Vous
devez être quelqu'un de fiable.

Lorsque la personne aborde des problèmes épineux, soyez empathique et trouvez des exemples identiques à l'histoire racontée, en vous basant sur votre entourage ou votre propre vécu. Cela rassurera votre interlocuteur sur l'événement qu'il traverse. Vous pouvez aussi émettre des réponses aux questions soulevées.

Exemple, une histoire de cœur

Une amie rompt avec son copain. Deux mois plus tard, ils reprennent contact sur les réseaux sociaux. Elle est un peu perdue. Le caméléon prend immédiatement un verre avec elle. Il l'aide à poser les pour et les contre d'une potentielle reprise de la relation. De même, il fait un parallèle entre son histoire et une de ses expériences de vie. Cela donne un exemple concret à son amie. Soyez un confident efficace.

Trois étapes pour enclencher une relation intimiste :

1. Les autres doivent avoir confiance en vous ;
2. Évoquez des sujets intimistes ;
3. Devenez un conseiller personnel.

Conseil du caméléon : Dresser une liste des personnes que vous n'avez pas vues depuis longtemps; puis proposez leur de se voir. La rencontre physique est la meilleure pour maintenir des liens pérennes.

Couleur Indigo :
Les réseaux sociaux, une vitrine sociale

"<u>Le monde est fait d'un nombre incalculable de réseaux qui unissent les choses et les êtres les uns aux autres</u>",
Émile Durkheim, sociologue français.

Atmosphère Indigo : couleur insoupçonnable et peu connue. Elle est riche et profonde.

Un réseau est un ensemble de relations interindividu-elles. Ils ne possèdent pas de frontière et sont donc poten-tiellement infinis. L'exploration de ce cercle est une quête perpétuelle et passionnante. Nous sommes tous liés par un seul et unique réseau, celui des êtres humains. Dans son expérience appelée "Petit Monde", le psychologue Stanley Milgram cherche à déterminer combien d'inter-médiaires sont nécessaires pour relier deux personnes choisies au hasard dans la société. Il en conclut que seule-ment cinq intermédiaires nous séparent en moyenne d'un "individu cible". Seulement cinq individus nous séparent de Léonardo Di Caprio ou de Barack Obama par exemple. Explorez ce cercle de liaisons. Les réseaux sociaux repré-sentent un moyen efficace pour découvrir cette chaîne infinie de connexions.

Les réseaux sociaux représentent une part importante de notre vie sociale. Depuis l'essor des nouvelles techno-logies, notre vie se numérise. Il existe deux versants à notre vie sociale. La première est physique tandis que l'autre relève de la sphère virtuelle. Ces "deux vies" sont toute deux liées, les réseaux sociaux n'étant que la conti-nuation de la"vie réelle". Ce prolongement possède un caractère exponentiel. Vous pouvez toucher un nombre infini d'individus avec les réseaux sociaux : c'est un endroit à privilégier pour créer des relations sociales et développer les traits caractéristiques de votre personnage. Les médias sociaux favorisent l'émergence des "liens faibles". Selon le sociologue Mark Granovetter, les liens faibles sont des connaissances. Ce sont des liaisons de basse intensité. Il utilise quatre critères pour distinguer les liens forts des liens faibles : la fréquence des contacts, l'intensité émotionnelle de la relation, l'intimité ainsi que la réciprocité des services rendus. Ces liens "faibles" permettent de relier des groupes hétérogènes entre eux. Ils sont aussi facteurs d'opportunités professionnelles et financières.

Après une rencontre, nous regardons la présence sociale de la personne sur les réseaux sociaux. Immédiatement, nous pouvons nous forger une opinion, sans même avoir profondément discuté avec elle. Cette appréciation n'est que superficielle et extérieure, mais elle suffit pour catégoriser un individu. Cela démontre la puissance des réseaux sociaux, mais aussi leur sévérité. Il est donc important d'organiser et d'utiliser les réseaux en votre faveur. Vous apprendrez dans ce chapitre à maîtriser cet outil. Vous pourrez ainsi développer vos relations sociales et votre personnage à travers les réseaux. Les réseaux sociaux sont une "vitrine sociale" : un endroit fictif autour duquel vous devez développer une dynamique sociale. Procédez comme pour votre personnage. Le caméléon définit le dynamisme social comme le fait de créer un engouement autour de soi. Les gens doivent parler de vous et de préférence en bien. Vos réseaux doivent suivre la même cinématique. Vous devez faire naître un enthousiasme autour de vos réseaux. Les individus doivent vous associer à votre personnage physique, mais aussi à vos médias sociaux.

Une vitrine sociale

Les réseaux sociaux sont la continuation de votre vie réelle. Ils ne sont qu'une simple illustration de votre vie. L'art est la représentation du beau, d'où l'emploi du terme "illustration". Renvoyez une image positive, ne laissez pas le négatif prendre la main sur vos réseaux. Songez à l'image de la "vitrine". Par exemple, mettez en valeur des moments de joie ou de partage.

Toujours dans cette optique de créer des liens pérennes, les réseaux sociaux sont un moyen d'amplifier votre "moi". Ils doivent constamment mettre en lumière votre personnage. L'avantage des réseaux réside dans le fait que vous pouvez plus ou moins insister sur certaines parties de celui-ci. Vous êtes maître de l'image que vous renvoyez. Contrairement à la vie réelle dans laquelle vos faits et gestes sont exécutés dans l'immédiat, les réseaux sociaux vous laissent plus de temps en amont pour préparer votre manœuvre. Vous pouvez aussi cultiver un contraste entre ce que vous montrez sur les réseaux sociaux, et votre vie réelle. Les médias sociaux sont donc propices au développement des traits caractéristiques de votre personnage.

Comment mettre en valeur son personnage sur les réseaux sociaux ?

Tout d'abord, vous devez maîtriser la couleur rouge sur le développement du personnage. Vous devez connaître votre "moi". Si vous êtes en cours de recherche de celui-ci, regardez vos réseaux et tirez-en des conclusions. Inconsciemment, nous valorisons notre "moi" sur nos réseaux. Cela peut être un point de départ pour délimiter son personnage.

Dans un second temps, mettez en œuvre les principes d'amplification du personnage : l'insaisissabilité, la mystériosité et la typicité. Vos réseaux ne doivent pas être monotones. N'hésitez pas à jouer avec la contradiction. Une page mystérieuse ou contradictoire sème le trouble au sein de votre communauté. Cela crée une dynamique naturelle autour d'eux et donc de votre personnage. Jouez tout simplement votre personnage dans ce monde virtuel. Alimentez vos réseaux régulièrement. Offrez aux autres la possibilité de "saisir" votre personnage.

La démonstration d'une " vie fastueuse " sur les réseaux

Les réseaux sont propices à la mise en scène d'une vie fastueuse. La majorité des gens expose leurs consommations "luxueuses", que ce soit un voyage ou une soirée bien garnie. Les réseaux sont une véritable arène sociale où l'on se montre sous son meilleur jour. C'est d'ailleurs ce qu'attendent inconsciemment une partie des utilisateurs : suivre la vie de rêve des autres et s'en inspirer. Songez aux influenceurs qui amorcent ce mouvement. L'algorithme ainsi que les utilisateurs valorisent les comportements à connotation luxueuse. Sur l'Instagram du caméléon, les photos "luxueuses" ont plus de likes en moyenne que ses photos de sport. Les réseaux trouvent tout leur sens dans notre société capitaliste. Ils permettent le prolongement du plaisir occasionné par la consommation. Pensez à une story Instagram que vous mettez après l'achat d'un nouveau vêtement.

Faut-il montrer majoritairement cette vie sur les réseaux ?

Le plus important est de faire ressortir votre personnage, restez vous-même.

Dans un second temps, il peut être intéressant de mettre ce type de contenu pour attirer du flux sur votre page. Les gens parleront de vos réseaux. Vous allez forcément faire l'objet de critiques, mais cela participe à la création d'un dynamisme autour de vos réseaux sociaux. C'est à vous de décider dans quelles proportions vous utilisez ce type de publication. Lorsque vos moyens sont limités, il n'est pas impossible de mettre en valeur ce genre de contenu. Référez-vous à l'exemple du Ritz. N'oubliez pas que la mise en scène de votre post peut accentuer ce côté luxueux. Soyez créatif !

Dans une optique de multiplier les liens sociaux, renvoyez une image "saine" sur vos réseaux. Donnez envie aux gens de vous rencontrer. Évitez les prises de position trop rigides ou de poster des photos provocantes. Rien ne vous empêche de vous positionner sur certains sujets, mais les réseaux ne sont pas un endroit propice pour expliquer ses idées. Cela peut vous fermer des portes. Les gens vous catégorisent sur la moindre prise de position sans vous laisser la possibilité de débattre.

Conseil du caméléon : N'oubliez pas que vous pouvez toujours rattraper cette image virtuelle dans la réalité. Ce mouvement contradictoire est intéressant pour la mise en valeur de votre personnage.

Exemple, l'Instagram du caméléon

Son Instagram est l'émanation virtuelle de sa personnalité. Nous pouvons y retrouver des photos de sport qui côtoient des photos de cigares. Le caméléon alimente régulièrement son compte en story (photo visible pendant 24 heures), il trouve cela plus vivant que les posts classiques. La majorité de ses stories sont sous forme de boomerang (photo en mouvement). La majorité des gens critique ce choix, mais il passe outre ces reproches. Cet effet dynamise la photo et cela distingue son personnage des autres.

Quant au côté luxueux, il est présent sur son Instagram. C'est une décision qu'il assume, mais qui ne représente pas réellement sa vie. Dès qu'il peut mettre en avant un moment à connotation luxueuse, il le fait. Il met aussi en valeur les activités sportives qu'il réalise. Cela crée du flux et un certain dynamisme social autour de son compte. Un contraste s'instaure lorsque les gens le rencontrent. La majorité pensant qu'il habite dans un luxueux appartement à Paris et que son train de vie est surdimensionné. Les réseaux sont une arène de critiques, assumez vos choix jusqu'au bout. Le jugement des autres doit passer outre votre sensibilité.

Un moyen de rencontre

Les réseaux sociaux sont une continuation de votre vie "réelle". Lorsque vous rencontrez quelqu'un, ajoutez-le en ami. Vous pouvez aussi contacter la personne. Comment procéder ? Tout d'abord, respectez la couleur bleue sur le taux d'engagement. Ne vous surengagez pas dès le début. Restez concentré sur les réactions de votre interlocuteur. Posez-vous la question : est-il réceptif à l'échange ?

Les premiers messages doivent être ouverts. Votre interlocuteur doit pouvoir réagir facilement à ceux-ci. N'invoquez pas des sujets trop personnels ou pointus. Lorsque vous contactez la personne, mentionnez des éléments de connivence que vous partagez avec elle. Trouvez simplement un ou plusieurs points communs. Le caméléon appelle cela un "point d'accroche". Ce pourrait être un lieu de vacances ou une passion. Soyez judicieux dans le choix du point d'accroche. A l'instar du mécanisme de la connivence sociale, vous devez avoir des connaissances ou des anecdotes sur le sujet évoqué.

Conseil du caméléon : Pour faciliter une rencontre, parlez d'une potentielle entrevue en groupe, cela rassure.

Sur la forme, vous avez le choix entre deux méthodes. La première est une approche classique et cordiale :

_ "Coucou/Salut XX,
J'espère que tu vas bien — mettre le point d'accroche — ".

Vous pouvez aussi être plus créatif et direct. Cette technique fonctionne très bien lorsque vous réagissez à un post (story Instagram, vidéo TikTok).

_ "Très sympa ce Festival, j'y vais demain avec des amis"

Par ailleurs, le fait de partager au moins une connaissance facilite la création d'un lien. Il s'agit d'un puissant facteur de connivence. Bienvenue dans le cercle vertueux des relations sociales.

Méthode d'utilisation d'Instagram pour développer son audience et sa visibilité

Instagram est un réseau social incontournable pour créer ainsi que développer des relations. Instagram c'est 500 millions d'utilisateurs au quotidien et 70 % des membres ont moins de 34 ans. C'est donc un média social de "jeunes".

Quelques conseils pratiques pour optimiser sa page :

- Avoir un compte "public" pour que les individus puissent avoir accès à vous et votre personnage.
- Avoir un bon ratio abonné/abonnement. Cela est un témoin de la dynamique que vous créez autour de ce réseau social. Cela s'acquiert au travers d'une page Instagram bien fournie en post. Tout le monde doit prendre du plaisir à regarder votre page. De même, dès que vous rencontrez physiquement quelqu'un, ajoutez-le.
- Concentrez-vous sur la qualité de vos photos. Notre cerveau traite une grande quantité d'informations, tout ce qui est visuel attire immédiatement l'attention.

Si vous souhaitez aller plus loin, l'algorithme d'Instagram vous mettra sur le devant de la scène si :

- Vous postez très régulièrement des photos, stories ou réels.
- Vous passez plusieurs heures par jour à liker, commenter et répondre aux messages privés.
- Vous étudiez vos statistiques pour orienter vos posts.

LinkedIn

LinkedIn est le réseau social de référence pour créer des relations professionnelles. Il compte 900 millions d'utilisateurs dans le monde : c'est le réseau des liens faibles. Des chercheurs de l'Université Carnegie Mellon de Pittsburgh ont étudié la nature des liens existant sur les différents réseaux sociaux. Le nombre de liaisons par personne est en moyenne de 135 pour Facebook et 146 pour LinkedIn. Cependant, leur nature est toutefois discordante. En moyenne, les utilisateurs ont 48 relations fortes sur Facebook, et 15 sur LinkedIn. Au contraire, la présence des liens faibles sur Facebook est seulement de 87 contrairement à LinkedIn qui culmine à 131. LinkedIn est donc propice au développement d'un réseau de liens faibles.

Quelques conseils pratiques pour optimiser sa page :

- Faire des posts avec des hashtags adaptés à la publication.
- Ajouter seulement des personnes que vous connaissez sous peine de créer un réseau fictif.

Couleur Violette :
Avoir un positionnement politique neutre, mais engagé

"<u>La politique est plus dangereuse que la guerre... À la guerre, vous ne pouvez être tué qu'une seule fois. En politique, plusieurs fois</u>", Winston Churchill, Premier Ministre du Royaume-Uni.

Atmosphère violette : couleur ambivalente, aimée par certains et détestée par d'autres. Elle représente l'ouverture.

Dès notre plus jeune âge, nous sommes bercés dans le landau de la politique. Selon l'analyse de Durkheim, cette socialisation primaire est verticale. Les aînés forgent unilatéralement l'opinion politique des jeunes générations. Les parents sont l'organe de socialisation politique le plus influent. Lorsque nous sommes enfants, ce sont eux qui choisissent nos vêtements, notre école et qui orientent les activités que l'on pratique. Par le mécanisme de la connivence sociale, les enfants de la même classe sociale se rencontrent et deviennent amis. Il est fortement probable que ces enfants possèdent le même bord politique (bord politique des parents). En effet, les membres d'une classe sociale analogue ont une propension plus forte à voter pour des idées politiques identiques. De même, nous intériorisons le discours politique que nos parents tiennent. Ainsi, dès que l'enfant retrouve en dehors du foyer les idées politiques de ses parents, un lien de connivence se crée immédiatement. Deux des meilleurs amis du caméléon rencontrés à ses 12 ans sont du même bord politique, surprenant ?

Le positionnement politique est une notion plus large et variable que le bord politique. Au-delà des clivages liés au parti politique, le positionnement politique est centré avant tout sur les idées. Le bord politique renvoie à l'opposition des partis de gauche et de droite. Le caméléon utilisera le terme de "bord politique" comme synonyme de "position-nement politique" dans ce chapitre.

De cette analyse, il résulte que nous sommes dès notre plus jeune âge attirés par la connivence sociale. Nous nous orientons vers des personnes qui partagent des idées po-litiques analogues. De nombreux tra
vaux démontrent que l'on discute majoritairement de politique dans une sphère privée et homogène tels que la famille ou le couple. Cela résulte d'un biais psychologique. Nous sommes cons-tamment à la recherche d'une conformité politique. Le sociologue Erving Goffman explique ce phénomène de connivence politique par une logique d'évitement du conflit. Il ajoute que c'est la société qui nous impose ce cadre de limitation des affrontements.

Au contraire, la divergence politique abaisse immédia-tement le taux de connivence. Une discordance politique trop importante peut même rompre toute création d'un lien social. Cela résulte de la connotation sentimentale atta-chée à la politique. Les individus sont très sensibles à ce sujet, puisqu'ils sont bercés depuis jeune dedans. La politique fait ressortir les idéaux de chacun. Elle adoucit ou tourmente les relations. Par ailleurs, un individu qui possède des idées extrêmes peut subir une réprobation généralisée. Lorsqu'une personne est désignée comme ex-trémiste, il est difficile pour elle d'évoluer dans toutes les strates de la société. Elle tombera forcément sur des barrières infranchissables. Au contraire, elle possédera des liens extrêmement forts avec les personnes qui partagent les mêmes idées qu'elle.

Vous devez avoir une pensée politique, ou du moins un certain nombre d'idées sur de grandes questions de société : peine de mort, économie, écologie... Ayez un parti pris marqué et argumenté. Il est ennuyeux de discuter avec une personne qui n'a jamais d'avis ou "qui ne sait pas". Il n'y a pas de bonnes ou mauvaises réponses aux débats politiques, amusez-vous à réfléchir et à exprimer vos convictions. Vous n'avez pas besoin d'être très informé pour avoir une opinion politique. Les gens prendront du plaisir à parler et se souviendront de vous, même si votre idéologie diverge de celle de votre interlocuteur : sous réserve d'appliquer la méthode enseignée par le caméléon.

Si vous tenez un discours politique différent en fonction des personnes, et cela dans l'unique but de créer de la connivence, vous jouez à une activité dangereuse. Si l'on vous démasque, vous risquez d'être pris pour un opportuniste et un menteur. Cela réduira vos chances de forger des liens.

La méthode que le caméléon va vous enseigner vous permet de maximiser vos probabilités d'établir des relations, malgré une opinion politique assumée. Cela s'appelle la technique du "positionnement politique neutre, mais engagé". Elle est un moyen de fréquenter, mais aussi de bien vous entendre avec des individus de tous les bords politiques. Et cela, sans faire preuve de contradiction.

La méthode du positionnement politique neutre, mais engagé

Tout d'abord, revenons sur le critère "flexible-rigoriste" du psychologue Hans Eysenck. Pour rappel, les esprits "durs" peuvent être qualifiés de puristes. Ils maintiennent coûte que coûte la ligne du parti, ils font preuve d'orthodoxie. Ce sont des individus qui possèdent une pensée politique d'un certain bord et envers lequel ils sont d'une fidélité inébranlable. Ils ne piochent que très peu, voire aucune idée au sein des autres bords politiques. À l'inverse, les esprits "tendres" innovent. Ils considèrent la ligne du parti comme un socle à partir duquel ils peuvent faire émerger différentes idées. Ces personnes mêlent généralement des opinions issues de plusieurs bords politiques. Pour mettre en œuvre la technique du positionnement politique neutre, mais engagé, il est préférable d'avoir un esprit flexible. Si vous êtes rigoriste, la méthode fonctionne aussi pour vous, mais elle sera plus difficile à mettre en pratique.

Respectez les idées des autres. Chaque individu a le droit de penser ce qu'il veut. Cette affirmation semble banale, mais le caméléon est toujours surpris par le nombre de personnes intolérantes. N'oubliez pas que votre vision du monde n'est qu'une parmi tant d'autres.

Cette méthode se décompose en deux parties. La première traite des discussions politiques entre individus qui partagent globalement les mêmes idées politiques. La deuxième enseigne le comportement à adopter lorsque votre interlocuteur est en désaccord avec votre pensée politique.

1) Entre individus qui partagent les mêmes idées politiques

Saisir avec précision la pensée politique de votre interlocuteur

Dans un premier temps, saisissez avec précision le positionnement politique de votre interlocuteur sur de grands thèmes intemporels. Le tableau ci-dessous est une synthèse des concepts à évoquer avec votre interlocuteur pour bien comprendre son positionnement politique.

Thèmes	Déclinaisons possibles :
Économie	• Anticapitaliste • Libéral • Protectionnisme
Social	• Aider au maximum les citoyens • Aider convenablement les citoyens • Réduire les aides
Immigration	• Frontière ouverte • Immigration contrôlée • Frontière fermée
Europe	• Pour une plus grande intégration des pays • Pour le maintien de l'Europe que nous connaissons • Eurosceptique
Impôt	• Fort impôt pour une forte redistribution • Modéré • Faible taux de prélèvement pour une faible redistribution
Écologie	• Engagé : forte conscience écologique • Modéré • Indifférence
Justice	• Réinsertion des délinquants/criminels • Modéré • Système répressif
Egalité Homme-Femme	• Engagé • Modéré • Indifférence

À partir de trois matières abordées, vous pouvez émettre une hypothèse sur l'orientation politique de l'individu. Cela vous permet d'anticiper sa pensée politique.

Ces déclinaisons ne sont pas des données absolues, ce tableau classe les idées d'une manière très simpliste. Chaque individu possède une position beaucoup plus fine et subtile qu'être libéral ou anticapitaliste, mais il peut vous servir de point de départ. Par exemple, si votre interlocuteur vous dit qu'il est libéral, vous pouvez de votre propre chef anticiper son opinion sur les impôts.

Conseil du caméléon : Ne catégorisez pas directement une personne dans un bord politique (droite-gauche). N'oubliez pas que les esprits flexibles peuvent avoir des idées venant de différents bords politiques. Soyez très attentif lorsque vous dressez son portrait politique.

Anticipez et affirmez votre attachement politique aux idées que vous partagez avec votre interlocuteur

Lorsque vous comprenez les grandes lignes politiques de votre interlocuteur et qu'elles correspondent à la vôtre, accentuez cette connivence. N'hésitez pas à amplifier vos propos qui sont en adéquation avec ses idées. Utilisez la couleur jaune sur la théâtralité des faits et gestes pour les mettre en valeur. De plus, vous devez anticiper des sujets sur lesquels vous serez potentiellement d'accord. Si vous saisissez correctement la pensée de l'individu, vous avez de fortes chances d'évoquer une opinion qu'il partage aussi. Cela permet d'accroître fortement votre taux de connivence politique puisque c'est vous qui affirmez une position sur un thème. Vous n'êtes plus considéré comme un "suiveur" qui ne fait que partager les idées de l'autre. Cela donne confiance à votre interlocuteur à l'égard de votre positionnement politique. Il ne vous prendra pas pour un opportuniste qui souhaite seulement créer une "fausse connivence". Attention, des personnes flexibles peuvent avoir des avis qui sortent de la ligne politique à laquelle elles appartiennent. Malheureusement, vous ne pouvez anticiper que difficilement ce type de réaction. Dans ce cas, vous êtes en désaccord avec l'individu, il faut appliquer la deuxième partie de la méthode.

2) Entre individus d'un bord politique différent

Intéressez-vous sincèrement aux idées de votre interlocuteur.

Lorsque vous discutez avec une personne qui ne partage pas les mêmes idées politiques, vous devez procéder en plusieurs étapes.

Tout d'abord, questionnez le pourquoi de la pensée de votre interlocuteur. Essayez de comprendre la doctrine politique qu'il défend. Soyez pertinent dans vos interrogations. Par exemple, vous pouvez lui demander des applications pratiques de sa politique. Faites de l'écoute active. Reformulez ses affirmations pour bien comprendre sa doctrine politique. La personne sera forcément contente d'expliquer son opinion. Physiquement, un sourire ou un hochement de tête sont des signes qui permettent la poursuite de la création du lien. Soyez respectueux de la pensée des autres, il n'y a pas de vérité absolue sur terre. Les idées politiques résultent souvent de postulats empiriques indémontrables, c'est-à-dire de théories philosophiques qui ne relèvent que de l'intuition. Songez au concept d'égalité. D'innombrables questions et débats politiques découlent de cette notion. Devons-nous être égaux ? Qu'est-ce que l'égalité ? Il n'existe pas de réponse à ces questions, c'est d'ailleurs ce qui fait la noblesse du débat philosophique et politique. Ne croyez pas que vos idées sont des vérités absolues. Respectez celles des autres. Soyez conciliant avec votre auditoire. Le plus intéressant, c'est de se confronter à des thèses divergentes. Imaginez un monde avec une pensée unique. Quel ennui !

Ne partez pas dans un excès de colère ou de rancœur en raison des idées controversées de votre interlocuteur. Vous devez réagir à froid malgré votre agitation. Posez-vous, il n'y a pas d'enjeu. Le neurologue Rudolph Loewenstein a étudié les états psychologiques du "froid" et du "chaud". Les réactions à froid sont faites lors de période "non excitée". Au contraire, les réactions à chaud sont prises lors de moments marqués par de fortes intensités émotionnelles. Si la personne est trop excitée émotionnellement, sa décision peut devenir irrationnelle, voire dangereuse. Rudolph Loewenstein prend l'exemple de jeunes hommes qui ont des rapports sexuels sans préservatif lors d'état d'excitation intense telle que pendant une soirée.

Posez-vous, votre conversation ne va pas influencer le sort de la terre ! De plus, vous engrangez de la culture et des arguments lorsque vous échangez avec une personne d'un autre bord politique. Si vous appliquez cette méthode, la personne aura de l'estime pour vous et la création d'un lien social pérenne devient possible.

Affirmez votre position et trouvez un point de connivence politique

Dans un second temps, et après avoir bien compris sa doctrine, opposez la vôtre de manière calme. Amusez-vous à débattre. Essayez de trouver un "point de connivence", une position que l'autre partage. Les personnes flexibles auront plus de facilité à mettre en œuvre cette partie de la méthode. Le caméléon reste persuadé qu'un rigoriste d'extrême droite peut être en accord sur quelques notions avec un rigoriste d'extrême gauche. Songez à des questions comme l'Europe, le protectionnisme ou le "macronisme". L'ennemi de mon ennemi est mon ami, les adversaires politiques communs représentent toujours un point d'accroche récurrent.

Fondamentalement, vous ne serez jamais d'accord sur la majorité des thèmes, mais dès que vous trouvez ce point d'accroche, amplifiez votre position sur celui-ci. N'hésitez pas à traiter le sujet dans son entièreté, puisque cela augmentera votre taux de connivence. Par ailleurs, vous pouvez aussi faire des concessions et reconnaître que l'idée de la personne pourrait fonctionner. Ce n'est pas une honte. La seule règle étant de ne pas tenir un discours contradictoire qui varie selon les interlocuteurs qui se présentent devant vous.

Exemple, les gilets jaunes

Un très bon ami du caméléon appartient à un bord politique (au sens gauche-droite) opposé au sien. Le caméléon étant de droite et son ami de gauche, leurs idées politiques se font souvent face. Par exemple, sur le partage des riche sses et sur l'économie capitaliste, leurs pensées politiques sont antagonistes. Le mouvement des gilets jaunes a été un point de connivence très fort. Cette révolte venue des territoires a gagné les rues de la capitale. Les revendications principales sont l'instauration d'une démocratie plus participative, autrement dit une intervention plus directe des citoyens dans la vie politique du pays. L'exemple le plus significatif étant la Suisse. Le peuple a aussi dit "non" à la hausse du prix du pétrole et à la taxation importante de ce produit de première nécessité. La demande d'une revalorisation du pouvoir d'achat a été un point de connivence entre le caméléon et son ami.

"L'ennemi de mon ennemi est mon ami". Cet adage est à la source de nombreux points de connivence entre deux personnes d'un bord politique opposé. Par exemple, la question de la démocratie directe n'a pas de "bord politique", c'est un sujet "universel" qui transcende les conflits de partis. Tous les opposants politiques peuvent donc s'entendre sur ces thèmes.

Penser comme la majorité ? La question de l'opinion publique

Il pourrait être avantageux d'avoir l'avis politique le plus neutre, nous serions plus souvent en accord avec les autres. Construire sa pensée politique en fonction de sa popularité peut être attirant au premier regard, mais cela est un véritable piège. La sociologue Élisabeth Noëlle Neumann analyse la mentalité d'un individu qui se conforme aux résultats d'un sondage et donc de l'opinion la plus partagée : "L'individu peut se trouver d'accord avec le point de vue dominant. Cela renforce sa confiance et lui permet de s'exprimer sans réticence et sans risquer d'être isolé face à ceux qui soutiennent des points de vue différents". Elle appelle ce concept la "Spirale du silence". En réalisant cela, vous n'êtes pas engagé dans votre pensée politique, vous essayez juste d'éviter les conflits. Les individus veulent échanger avec des personnes engagées dans leurs idées. Si vous souhaitez être passe-partout, ayez un tempérament politique flexible, et appliquez la méthode du politiquement engagé, mais neutre.

Conseil du caméléon : Si vous détestez la confrontation politique et le débat, vous pouvez opter pour la technique de la neutralité. Ne prenez pas position et vous limiterez la controverse.

La réprimande des idées d'extrêmes

Les idées d'extrêmes subissent une forte réprobation sociale. Cette opinion est considérée comme minoritaire et dangereuse pour la société. Les individus de bords extrêmes se font vite catégoriser et leurs perspectives de création de liens sociaux se réduisent drastiquement. Chacun est libre de penser ce qu'il veut. En aucun cas le caméléon ne vous conseille d'abandonner vos profondes convictions pour forger des relations sociales. Ce serait une sorte d'auto-trahison et l'on pourrait vous reprocher d'être un opportuniste.

Comment maximiser ses possibilités sociales avec un avis politique extrême ?

Entre ces deux affirmations, laquelle vous correspond la mieux.

Préférez-vous assumer en public ce type d'opinion en sachant que vos possibilités sociales s'amenuisent.

Au contraire, souhaitez-vous privilégier de nouvelles rencontres et opportunités sociales en assumant vos idées dans un cercle plus restreint et dans une forme plus acceptable ?

Si la seconde affirmation vous correspond le mieux, appliquez les conseils qu'il vous donne ci-dessous.

En aucun cas vous ne devez changer votre discours. Gardez vos idées ainsi que vos convictions : c'est précisément dans l'expression de votre avis qu'il faut faire des restrictions. Vos idées restent les mêmes, mais leur formulation est délimitée. Évoquez vos idées les plus extrêmes seulement avec votre sphère proche qui les partage ou les cautionne. Il est inintéressant de poster sur les réseaux ce type d'opinion. Vous allez être catégorisé et vous pourrez à peine vous défendre. En public, restez modéré dans vos propos, sans perdre bien évidemment le fond de votre pensée. Cet équilibre est subtil et demande une certaine agilité sociale, mais vous serez bientôt de vrais caméléons.

La dynamique de groupe et ses dangers

Selon l'étude du psychologue Irving Janis, le groupe possède une idéologie plus extrême que la moyenne des individus qui composent ce même groupe. Un leader mène souvent la marche et les autres suivent. Ce phénomène devient d'autant plus puissant si le groupe échange peu avec le reste du monde. Ce mouvement de polarisation de la pensée explique certaines prises de décision extrêmes et irrationnelles. Faites donc attention lorsque vous êtes entraîné dans un groupe, vos idées peuvent en ressortir encore plus radicalisées.

Fréquentez et discutez avec des individus d'un autre bord politique

Il est important de discuter avec des individus d'un autre bord politique, ne restez pas bloqué dans votre monde. Échangez avec des partisans d'un autre bord vous permet d'acquérir de nouvelles connaissances et donc d'affiner votre argumentation. De plus, c'est un moyen de travailler votre tolérance, socle de toute société et relations sociales.

Couleur Verte :
La flexibilité sociale

<u>"L'intelligence, c'est la faculté d'adaptation"</u>, André Gide, écrivain français et Prix Nobel de Littérature.

Atmosphère verte : couleur du caméléon. Elle est un moyen de se camoufler dans divers environnements.

Nous y sommes, la flexibilité sociale. Cette loi clôture le livre et ce n'est pas un hasard. Elle est le produit des 6 couleurs précédentes. Chacune d'entre elles permet de tendre vers la flexibilité sociale. Pour y parvenir, mettez en œuvre tout ce que le caméléon vous a enseigné depuis le début. Comment pourrait-on définir la flexibilité sociale ? L'image du caméléon suffit amplement : savoir s'adapter et échanger naturellement avec tout le monde.

Le caméléon fait de même dans la forêt tropicale. Il s'acclimate en fonction du milieu qu'il fréquente et communique avec le langage des couleurs. À la fin de ce chapitre, vous serez de jeunes caméléons, prêts à affronter la jungle des relations sociales. Avec de l'entraînement et de la persévérance, vous aurez incorporé les astuces enseignées dans le livre. Dès lors vous deviendrez des caméléons avertis. Tout au long de votre vie, vos relations sociales seront facilitées.

N'excluez rien ni personne de votre vie sociale en raison de jugements de valeur. Le caméléon entend souvent ce type de discours : "je ne peux pas aller ici; je ne peux pas faire cette activité, car ce sont pour les riches ; les pauvres…" Ce mécanisme de refoulement peut être inconscient. Dès notre plus jeune âge, nous avons intériorisé certains habitus. Il est donc difficile de s'échapper de ce cadre qui nous berce depuis toujours. Sous réserve de la limite financière, ouvrez-vous à de nouveaux horizons. Sortez des sentiers battus. Il faut essayer de tout dans la vie, soyez créatif et novateur. Allez voir ce qu'il se passe ailleurs, ne restez pas cloîtré dans votre environnement habituel. Allez vivre !

La flexibilité sociale est une compétence qui permet de s'adapter au sein des différentes classes sociales, mais aussi d'échanger avec des personnes qui possèdent une opinion politique ou un mode de vie distinct. Avec la flexibilité sociale, vous pouvez vous entendre avec tout le monde. Pour rappel, le caméléon définit la classe sociale comme un ensemble d'individus répondant à des schémas de réponses et de comportements prédéfinis lors d'une conversation. La classe sociale est le plus grand obstacle à la flexibilité, puisque ce sont des groupes homogènes qui rejettent les autres à travers le mécanisme des stéréotypes. Les classes sociales sont donc difficilement pénétrables sans la connaissance de ces habitus.

Le début de ce jeu est complexe, mais de nombreuses personnes y arrivent. La philosophe Chantal Jacquet s'est intéressée à cette mobilité sociale. Elle a créé le concept de "transfuge de classe". Elle décrit le changement de classes sociales d'individus ainsi que leur manière de s'émanciper de la reproduction sociale. Lorsque nous sortons de notre environnement, nous sommes désorientés. Le plus difficile est de rester naturel dans l'adversité des milieux. Ne perdez pas vos moyens et mettez en œuvre la méthode enseignée. Dès que vous aurez incorporé un certain nombre d'habitus, vous deviendrez des caméléons. Persévérez !

Le mécanisme de la flexibilité sociale

Le cœur du mécanisme réside dans l'incorporation des "habitus". Pour rappel, l'ensemble de la classe sociale les utilise. Ils permettent de se différencier. Ces mœurs peuvent être la pratique d'activités ainsi que le partage d'un langage spécifique.

Il existe deux moyens pour acquérir ces habitus.

1) La fréquentation d'un certain milieu pour incorporer les habitus

Lorsque vous fréquentez des personnes d'une certaine classe, vous incorporez naturellement leurs habitus tels que leurs activités et langage. Le simple fait d'être entouré d'individus de cette classe vous pousse à intégrer leurs coutumes. Au début, restez discret et observez scrupuleusement ces mœurs. Saisissez avec précision les habitudes de la classe et incorporez-les. À force de les côtoyer, vous partagerez les mêmes coutumes et vous ferez partie des leurs.

Le stage ouvrier :

Le caméléon a réalisé les vendanges dans un domaine de la Loire. Il était entouré d'individus venant d'autres classes sociales. Cette ambiance dénotait de l'université parisienne. Au début, il observait attentivement les personnes. Puis, il a commencé à saisir quelques-uns de leurs habitus. Finalement, il s'est très bien intégré au sein du groupe et il a fait de belles rencontres. Sortir de son petit milieu est un vrai plaisir.

2) L'incorporation des habitus par les activités pour ensuite fréquenter les différentes classes sociales

Vous assimilez naturellement des habitus de classe lorsque votre curiosité vous amène à découvrir de nouvelles activités. Vous pouvez intégrer les différentes classes par la pratique de celles-ci. Faites de nouvelles expériences : théâtre, volley-ball, sports automobiles... Variez les types d'activités, cela vous permettra d'assimiler un large champ d'habitus. Vous pourrez donc fréquenter aisément cette classe sociale. Ne restez pas cloîtré dans votre routine.

Exemple, le golf

Le caméléon commence à jouer au golf avec un groupe d'amis. Ils sont presque tous novices. En découvrant cette activité, il acquiert des connaissances et de la maîtrise. Il incorpore donc les habitus d'un certain milieu. Il fait ainsi de nombreuses rencontres avec des personnes d'une classe sociale plutôt élevée. Les activités sportives sont un moyen efficace pour côtoyer toutes les strates de la société. Elles réunissent différentes personnes autour d'une même passion. Les sportifs partagent un langage universel. Malgré une différence de classe sociale, le taux de connivence reste élevé.

Les passions transcendent les conflits de classe. Selon la théorie du contact du psychologue Gordon.W Allport, la rencontre entre les membres de divers groupes sociaux est un moyen d'atténuer les clivages. L'échange favorise les bonnes relations entre ces différents groupes. L'inconnu fait peur. Les préjugés prennent le dessus et le lien est brisé. Les relations s'apaisent lorsqu'il existe un contact significatif entre ces différents groupes. La fréquentation d' autres groupes permet de dépasser les préjugés de classe et donc de faire émerger une unité commune. Les passions représentent un point d'échange important. Elles unissent sans aucune distinction tous les êtres humains. Multipliez-les.

Conseil du Caméléon : Allez découvrir de nouveaux horizons en groupe. Cela est plus rassurant lorsque vous allez dans des milieux sociaux différents du vôtre.

Pour finir, employez le mécanisme de la connivence sociale. Lorsque vous fréquentez une certaine classe sociale, mettez-vous dans la peau de l'individu moyen de cette même classe. Selon les travaux du psychologue Michael Hogg, les leaders d'un groupe incarnent l'individu moyen de ce même groupe. Dès lors, les membres s'identifient plus facilement au meneur. Essayez de faire de même, incorporez les habitus les plus courants du groupe dans lequel vous souhaitez évoluer. Votre approbation au sein de celui-ci sera encore plus aisée. Ne surjouez pas certains habitus de classe. Ne perdez pas votre "naturel", sous peine d'être démasqué.

Exemple, Léna Mahfouf dite "Léna Situation" (pseudonyme de sa chaîne Youtube)

Jeune youtubeuse à succès, Léna est née d'un père dessinateur de bande dessinée et d'une mère propriétaire "d'une petite boutique où elle vend ses créations" de mode. Elle a en quelques années gravi l'échelon social jusqu'à apparaître dans le classement Forbes 30 Under 30. Animée par un bon relationnel, il ressort des vidéos de Léna une formidable faculté d'adaptation dans tous les milieux.

Le coût d'entrée dans une classe sociale élevée

Les classes supérieures souhaitent se différencier aisément du reste de la population. Elles possèdent donc des habitus symboliques et onéreux. Il est donc difficile de s'y introduire. Incarnez le personnage emblématique du célèbre écrivain Guy de Maupassant, Bel-Ami : "Qui est-ce ? Un hâbleur (beau parleur), un champion du bluff et du culot" écrit l'écrivain français Jean-Louis Bory dans sa Préface de Bel-Ami. Osez franchir la frontière invisible qui protège les habitus des hautes classes. Ce frein psychologique est très puissant. Songez à un Palace ou à des activités comme le golf. Il est inhabituel d'entrer dans ce genre d'endroit sans être accompagné par un connaisseur. Faites-en l'expérience, vous comprendrez la force de ce rideau masqué. Passez outre celui-ci.

Restez en retrait et observez attentivement le comportement des autres. Cela facilite l'incorporation des mœurs. L'exemple du Ritz et du golf vous démontre qu'il est possible "d'effleurer" les habitus des plus hautes classes à moindre coût.

Vous pouvez aussi réaliser exactement les mêmes activités que les hautes classes. Vous êtes à un stade plus avancé. Dans cette hypothèse, vous pratiquez l'activité comme une personne aisée. Le coût sera forcément multiplié, puisque vous accomplissez " pleinement " l'activité. Au lieu de déguster un simple chocolat chaud au Ritz, vous dînez dans le restaurant de ce Palace. Le coût est bien évidemment supérieur, mais vous réalisez entièrement les habitus de cette classe. Considérez cela comme un investissement. N'oubliez pas la finalité de votre geste, les hautes classes vous ouvriront de nombreuses opportunités

La vie d'un caméléon est rythmée par des expériences ainsi que des opportunités sociales, culturelles, financières, sportives et intellectuelles.

Le cercle vertueux des relations sociales

Pour rappel, les réseaux n'ont pas de frontière, ils sont potentiellement infinis. Nous sommes tous liés par un seul et unique réseau, celui des êtres humains. Allez l'explorer ! Le cercle vertueux des relations sociales est une spirale dans laquelle vous faites de multiples rencontres, et ce, sans fin.

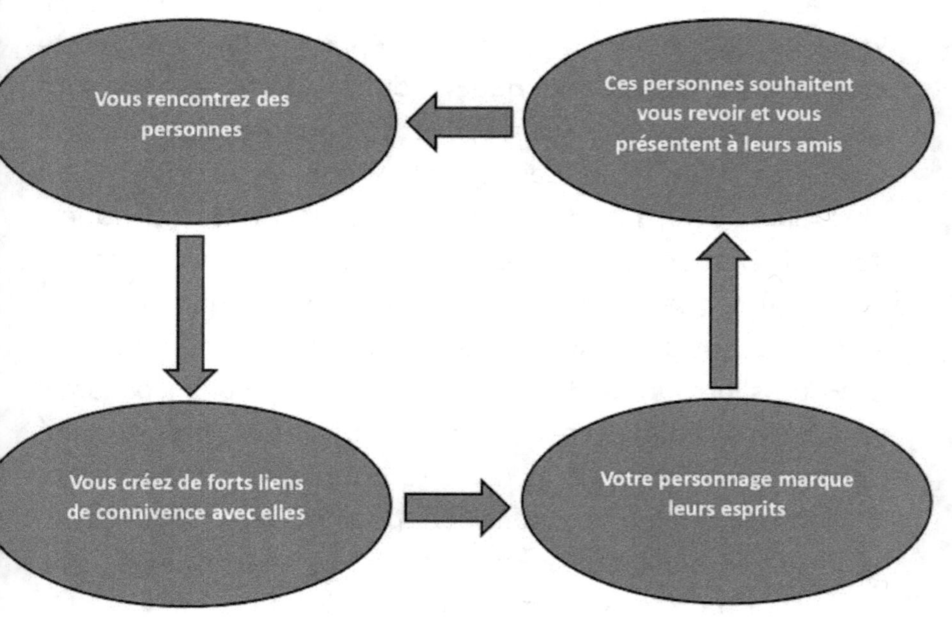

Schéma du cercle vertueux des relations sociales

Le principe de la présentation-validation

Le principe de la présentation-validation est au cœur du mécanisme du cercle vertueux. L'anthropologue John A. Barnes a créé le concept des relations transitives. Il conclut que si un individu A connaît les individus B et C. Il est fortement probable que B et C soient aussi liés. Les relations sociales ne sont qu'un enchaînement de cercles d'amis. Vous faites partie de plusieurs d'entre eux. L'objectif est de maximiser le nombre de cercles auxquels vous appartenez. Un cercle peut être plus ou moins grand. Il est formé d'un groupe d'amis qui se côtoient plus ou moins régulièrement. Par exemple, le cercle d'amis du lycée du caméléon se compose de sept personnes qu'il fréquente occasionnellement. Essayez de définir et de compter le nombre de cercles auxquels vous appartenez. Ils sont souvent composés de personnes homogènes. Multipliez la présence dans ces cercles et votre vie sociale sera décuplée. Pourquoi ? Au lieu de rencontrer individuellement chaque personne, lorsque vous entrez dans un nouveau cercle, vous faites 10 fois plus de rencontres. Et cela en ayant dépensé la moindre énergie.

Pour s'introduire dans de nouveaux cercles, vos amis proches sont des portes d'entrée à privilégier. Etant donné qu'ils vous apprécient, ils n'hésiteront pas à vous présenter à d'autres cercles auxquels ils appartiennent. Trouvez un ami qui souhaite vous présenter à d'autres groupes. S'ils ne le font pas d'eux-mêmes, demandez-leur.

En parallèle, créez de fortes relations individuelles avec certains membres du groupe. Choisissez les personnes avec qui vous avez le plus d'affinité. Il est important d'avoir des liens individuels au sein de ces groupes. Les relations fortes se créent lors de moments partagés à deux. Cultivez ces liens, ils sont le socle de votre vie sociale.

Conseil du caméléon : Organisez de grandes soirées ou dîners avec l'ensemble de vos amis. Votre fête fera office de lieu de rencontre. Cela est aussi un moyen de renforcer les liens avec votre entourage.

Le cercle vertueux des relations sociales est une courbe exponentielle. Connaissez-vous la théorie des intérêts composés d'Einstein ? Pour vous montrer sa puissance, le caméléon vous a préparé un petit calcul.

Partons du principe que vous avez 10 amis et que votre taux de transformation est de 0,3. Ainsi, lorsque vous rencontrez 10 personnes, vous créez des liens avec 3 d'entre elles. Nous partons de l'hypothèse que vous rencontrez 15 nouvelles personnes par an. Ce tableau résume le nombre de relations que vous forgez sur une période de 10 années.

Année :	Nouvelles connaissances :	Nombre de connaissances :
0	0	10
1	3	28
2	11	51
3	27	82
4	51	121
10	617	777

Ce calcul vous montre la force du mécanisme de la présentation-validation. De plus, ce tableau ne prend pas en compte votre introduction dans de nouveaux cercles d'amis. Cette donnée est impossible à mesurer au regard de la diversité des groupes d'amis.

Gardez en tête ce tableau, si chacun de vos amis vous présente un ami et que votre taux de transformation est de 0,5, vous aurez 549 relations au bout de 10 ans. Bien évidemment, vous perdrez de vue certains d'entre-eux, mais n'oubliez pas la force des liens faibles.

Participez au mécanisme de la présentation-validation. Il faut donner pour recevoir. Présentez à vos amis de nouvelles personnes et ils en feront de même. Improvisez-vous agence matrimoniale. Essayez de faire rencontrer des personnes qui pourraient se mettre en couple. Saisissez les goûts et les demandes de chacun. Vous pouvez créer une forte dynamique en réalisant cela. Par chance, vous serez peut-être invités à de nombreux mariages. Le mécanisme de la présentation-validation vous permet d'évoluer dans toutes les strates de la société. Il vous suffit d'entrer dans un cercle composé de membres d'une certaine classe, et celui-ci vous ouvrira d'autres cercles de cette même classe. Maintenez autant que possible ce mécanisme vertueux. L'ensemble des autres couleurs vous aide à faire subsister cette spirale de la rencontre.

Conseil du caméléon : Multipliez les lieux de rencontres. Cela passe par la fréquentation d'un maximum d'endroits de socialisation. Cela peut être une association, un sport, un bar… Vous devez être partout !

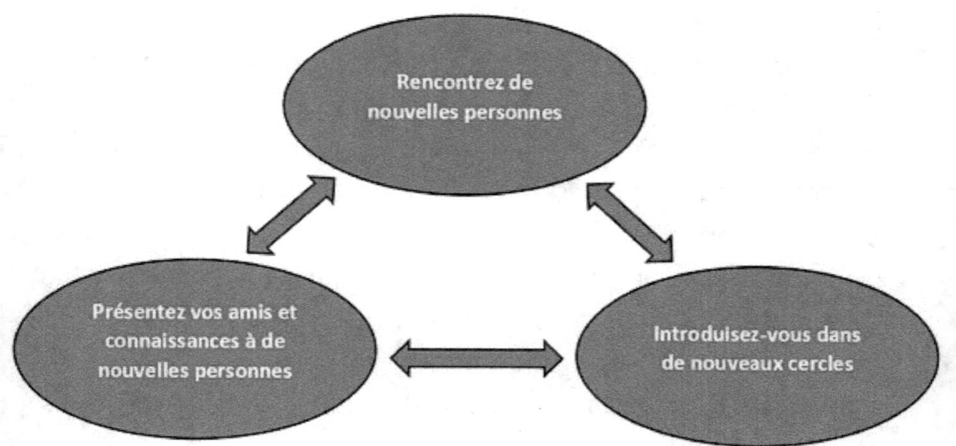

Schéma du mécanisme de la présentation-validation

L'adaptation sociale est une compétence indispensable à maîtriser pour une vie réussie. Elle permet de s'enrichir culturellement et de relativiser quant à sa condition. Il est intéressant de saisir des conseils et des coutumes de tous les milieux, cela fera de vous un être accompli. Le caméléon apprend beaucoup avec la fréquentation de nombreux environnements. Il acquiert de nouvelles aptitudes et découvre des modes de vie et de pensés différents. C'est une quête infinie, agrémentée de plaisirs, mais aussi d'aléas.

Ne restez pas enfermés dans votre milieu, sous peine de tomber dans la spirale de la monotonie. L'immobilisme social est l'un des travers de notre société, cette absence d'échange entre les classes n'est pas optimale. L'écart se creuse à tel point que le dialogue est devenu presque impossible. Ce défaut de communication fait émerger une certaine intolérance et un manque de compréhension de l'autre. La flexibilité sociale est un moyen de surmonter cela.

Pour conclure,

De ses difficultés d'insertion dans son nouveau collège à aujourd'hui. Le caméléon a rencontré et développé des milliers de relations. Il se sent mieux en société. La rencontre humaine est certainement la plus belle chose qui existe. Songez à la sensation que provoque une belle rencontre inattendue. La machine humaine est la plus amusante, la plus imprévisible. Elle nous éloigne du monde virtuel. Votre vie sera remplie d'expériences et d'opportunités sociales, culturelles, financières, sportives et intellectuelles.

Le caméléon se repose lorsqu'il le souhaite puisque son personnage est toujours présent dans l'esprit des individus. Vous avez le choix de l'intensité de votre vie sociale. Tout le monde ne souhaite pas avoir des milliers de relations, mais il est important de savoir créer des liens. La vie de caméléon est agréable. Il suffit d'enclencher et d'intérioriser tous les mécanismes étudiés dans le livre. Vous réalisez un investissement sur vous-même en lisant le caméléon. Travaillez ardemment au début, puis vous en récolterez les fruits tout au long de votre vie.

Dès que le cercle vertueux est enclenché et que vous faites l'effort de le maintenir, il ne cessera jamais de tourner. La vie de caméléon est passionnante, chaque jour est rythmé par des découvertes, des moments d'échanges et de partage. Pour finir, l'une de ses plus grandes victoires est sociale. Venant d'une banlieue lointaine et peu fréquentable selon certains, rien ne le destinait à évoluer dans les plus hautes sphères de la société. Le caméléon pense que vivre en banlieue a été pour lui une chance. Il a pu côtoyer toutes les classes sociales, sans distinction.

Finalement, le caméléon se sent bien en Société. N'oubliez pas de prendre ce livre et les méthodes enseignées comme un jeu.

Amusez-vous avec ce jeu passionnant, à bientôt.

Remerciements :

Je remercie tous mes proches qui m'ont aidé et soutenu durant l'écriture de ce livre. Cet ouvrage est le fruit de nombreux échanges et débats que j'ai pu avoir avec ma famille, mes amis et de parfaits inconnus.

Bibliographie :

- Jarret, J.(2011) "3 minutes pour comprendre les 50 plus grandes théories en psychologie ". Courrier du Livre
- Carnegie, D. (1936) "Comment se faire des amis". Livre de Poche (2022)
- Belfort, J. (2019) "Vendre". Talent Sport
- Jacquet, C.(2014) "Les transclasses ou la non-reproduction". Puf
- Durkheim, E. (1922) "Éducation et sociologie". Puf (2013)
- Rimbaud, A. (1883) "Les Voyelles". Lutèce
- Wason, P. (1960) "On the failure to eliminate hypotheses in a conceptual task". Quarterly Journal Of Experimental Psychology
- Nietzsche, F.(1882) "Le Gai savoir". Flammarion
- Maupassant, G (1885) "Bel ami". Belin - Gallimard (2019)
- Duras, M. (1995) "Écrire". Folio
- Bourdieu, P. (1980) "Le sens pratique". Les éditions de Minuit
- Pinçon, M. & Pinçon-Charlot, M. (2016) "Sociologie de la bourgeoisie". La Découverte
- Fischer, H. (1987), "Les concepts fondamentaux de la psychologie sociale". Dunod
- Eysenck, H. (1998) "The Psychology of Politics". Routledge
- Barnes, J-A. (1972). "Social Network".
- Zelliot, S. (2020) "Guide de l'Amitié et de la Communication sociale : Petits rituels simples pour les gens introvertis ou atypiques".

- Granovetter, M. (1983), "The Strength of Weak Ties : A Network Theory Revisited". Sociological Theory, Vol.
- Neumann, E-N. (1989) La spirale du silence "Une théorie de l'opinion publique". Dans Hermès, La Revue
- Irving, L-J. (1972) "Victims of Groupthink". Houghton Mifflin Company
- Goffman, E. (1963) "Comment se conduire dans les lieux publics". Economica (2013)
- Allport, G-W. (1979) "The Nature Of Prejudice" . 25th Anniversary Edition
- Vygotsky, L-S. (1934) "Pensée et langage" (Sève, F, trad,). La Dispute
- Salomé, J. (2019) "La méthode ESPERE : une méthode pour mieux communiquer". Le Livre de Poche
- Bhattacharya, K. & Ghosh, A. & Monsivais, D. & Dunbar, D. and Kaski, K. (2016) "Sex differences in social focus across the life cycle in humans", Royal Society Open Source.
- Goddijn, W. (1961) "Le Concept sociologique de minorité et son application à la relation entre catholiques et protestants". Revue d'histoire et de philosophie religieuse

www.ingramcontent.com/pod-product-compliance
Lightning Source LLC
Chambersburg PA
CBHW070942250726
48663CB00001B/41

9798856371894